NAXHI SELIMI

UNTER MITARBEIT VON GABRIELA INEICHEN

SPIELEN, SPRECHEN, ENTDECKEN

KOMPETENZORIENTIERTE BILDUNGSSPRACHE AUF DER EINGANGSSTUFE

SCHNEIDER VERLAG HOHENGEHREN GMBH

Leider konnten nicht alle Rechteinhaber der Abbildungen und Texte ermittelt werden. Berechtigte Ansprüche werden selbstverständlich im Rahmen der üblichen Praxis abgegolten.

Gedruckt auf umweltfreundlichem Papier (chlor- und säurefrei hergestellt).

Layout und Satz
MOSBERGER DESIGN
info@mosberger-design.ch
www.mosberger-design.ch

Bildkarten
Chantal Kränzlin, Zana Selimi

Schweizerische Eidgenossenschaft
Confédération suisse
Confederazione Svizzera
Confederaziun svizra

Eidgenössisches Departement des Innern EDI
Bundesamt für Kultur BAK

pädagogische hochschule schwyz

Bibliografische Information der Deutschen Nationalbibliothek

Die Deutsche Nationalbibliothek verzeichnet diese Publikation in der Deutschen Nationalbibliografie; detaillierte bibliografische Daten sind im Internet über ›http://dnb.d-nb.de‹ abrufbar.

ISBN: 978-3-8340-1793-2. – 2. Auflage
Schneider Verlag Hohengehren, D-73666 Baltmannsweiler
Homepage: www.paedagogik.de
Die Download-Materialien finden Sie auf unserer Homepage
www.paedagogik.de beim betreffenden Buch.

Printed in Germany. Druck: Appel & Klinger, Schneckenlohe

INHALTSVERZEICHNIS

VORWORT UND DANK

Dieses Buch richtet sich primär an praktizierende und in Ausbildung stehende Lehrpersonen der Kindergarten-, Grund- und Basisstufe, die mit sprachlich durchmischten Gruppen arbeiten und die Kinder in der Bildungssprache unterstützen möchten. Weiter spricht sie Lehrpersonen der Unterstufe, Kleinkinderziehende, Fachleute der Logopädie, der Heilpädagogik, Eltern sowie Dozierende an Ausbildungsinstitutionen für sprachliche Elementarbildung an.

Die Vorschläge zur Förderung der Kinder in der Bildungssprache, die bewusst den Wortschatz und die Lautsprache als zwei zentrale Sprachbereiche der Eingangsstufe in den Blick nehmen, ermöglichen ein binnendifferenziertes Sprachlernen. Sie ergänzen bewährte Lehrmittelangebote und sind mit den Bildungsstandards und dem Lehrplan 21 abgestimmt.

Die inhaltliche Einschränkung auf die Lautsprache und den Wortschatz bedeutet natürlich nicht, dass andere, hier implizit dargestellte Handlungsfelder weniger wichtig für die Gesamtentwicklung auf der Eingangsstufe sind – zumal eine wirksame Bildungssprache, die vertikal über die einzelnen Altersstufen hinausgeht und horizontal fächerübergreifend stattfindet, ohne Spiel, Bewegung, Musik, Sprachdiagnostik, Berücksichtigung sprachlich-kultureller Vielfalt und überfachliche Kompetenzen undenkbar ist. All diese Lernfelder ausgiebig zu behandeln, sprengt jedoch den gegebenen Rahmen dieses Buches.

Die vorliegende Publikation besteht aus drei Teilen. Der erste Teil thematisiert zentrale Aspekte der Bildungssprache im Kontext der Eingangsstufendidaktik und des Lehrplans 21. Damit verbunden wird die Wechselbeziehung zwischen Sprache und Spiel skizziert. Ihren pädagogisch-didaktischen Fokus richtet die Arbeit auf die Facetten der Bildungssprache, die über das rein Fachliche und Sprachliche hinausgeht und im Kontext dieses Buches die oben erwähnten Lernfelder umschliesst.

Im zweiten, knapp gehaltenen Teil werden didaktische Überlegungen erörtert. Zudem wird auf sprachlich-diagnostische Aspekte eingegangen, die besonders wichtig für eine differenzierte Begleitung und Unterstützung aller Kinder im Erwerb der Bildungssprache sind. Ebenfalls in diesem Teil wird die Situierung der Bildungssprache im kompetenzorientierten Lehrplan 21 skizziert. Damit verbunden werden die Ausdrücke zur Beschreibung einzelner Kompetenzstufen im Kontext der Sprachdidaktik erläutert und begründet.

Der dritte, breit angelegte Hauptteil bietet eine Fülle von praxiserprobten Vorschlägen zur binnendifferenzierten Unterstützung aller Kinder in der Bildungssprache. Die Beispiele sind in unterschiedlichen Anspruchsniveaus dargestellt und lassen sich in der Umsetzung leicht untereinander kombinieren. Sie knüpfen an Bewährtem an und tragen den Bedürfnissen, Interessen, Vorlieben und eigenen Ideen der Kinder Rechnung. Ziel ist es, die Kinder zu ermuntern, motiviert an die Bildungssprache heranzugehen und sich am Spiel zu beteiligen. Es steht im Ermessen jeder Lehrperson, die Beispiele hinsichtlich der Dauer, Methoden und Sozialformen zu variieren und den Voraussetzungen der Kinder anzupassen. Bezogen auf den Wortschatz und die Lautsprache empfehlen sich kurze, tägliche Übungssequenzen, die zwischen fünf und fünfzehn Minuten dauern können.

In einem Glossar sind zentrale Ausrücke zusammengetragen und im Kontext dieses Buches erläutert, ohne jedoch den Anspruch auf Vollständigkeit zu erheben. Eine ausgewählte Literaturliste sowie ein Anhang mit herunterladbaren Kopiervorlagen runden das Buch ab.

Dieses Buch ist in der Praxis entstanden und versteht sich als Unterstützungshilfe für die Praxis. Für die vielen Ideen in der Anfangsphase bin ich Aline Szwoboda, Laura Huber, Isabelle Surber, Miriam Portmann, Tamara Gisler, Philomena Zgraggen, Chantal Kränzlin, Nicole Reinhart, Franziska Fassbind und anderen KU-Studierenden der Pädagogischen Hochschule Schwyz zum Dank verpflichtet.
Heidi Gross, Karin Hitz, Isabel Fässler, Christa Holdener, Tabea Rostin, Mirjam Matter, Brigit Mühlebach, Blerina Kajdomqaj und Cindy Palatas danke ich für die Erprobung der Praxisbeispiele und ihre wertvollen Rückmeldungen dazu. Mein besonderer Dank geht an alle Kinder, die an der Erprobung der Beispiele mitmachten und ihre Eltern, die dieses Vorhaben unterstützt haben.

Prof. Dr. Dr. h.c. Konrad Ehlich, Prof. Dr. Dr. h.c. Stefanie Stadler Elmer, Prof. Dr. Dr. Basil Schader, Prof. Dr. Jürgen Spitzmüller, Adelheid Zimmermann danke ich für die hilfreichen Rückmeldungen zu einzelnen Kapiteln, Prof. Dr. Silvio Herzog und Dr. Anita Sandmeier für die Unterstützung und Betreuung des Projekts und lic. phil. Gabriela Ineichen für die Mitarbeit.

Für die finanzielle Unterstützung geht der Dank an das Bundesamt für Kultur (BAK) und die Pädagogische Hochschule Schwyz, für die Publikation an den Schneider Verlag Hohengehren und für die ideelle Unterstützung an das Volksschulamt des Kantons Schwyz und Zürich.

In der Hoffnung, dass die Publikation einen unterstützenden Beitrag zur konkreten Förderung aller Eingangsstufenkinder in der Bildungssprache leistet, wünsche ich ihr ein breites Lesepublikum.

Richterswil, im Juli 2017

Naxhi Selimi

TEIL I:
GRUNDLAGEN

1 EINLEITUNG

Der Kindergarten, die Grundstufe und die Basisstufe[1] sind zentrale Erlebnis- und Bildungsorte für alle Kinder. In jedem dieser Modelle der Eingangsstufe stehen Konstellationen verschiedener Entwicklungsprozesse in enger Wechselwirkung. Hier entstehen Formen des gemeinsamen Spielens, Endeckens, Kommunizierens, Bewegens usw. Parallel zur Alltagssprache erwerben die Kinder die Grundlagen der Bildungssprache (auch Schulsprache, alltägliche Wissenschaftssprache genannt), die das Unterrichtsgeschehen weitgehend bestimmen. Diese Grundlagen sind Voraussetzung für den Wissenserwerb und entscheidend für die gesamte Bildungslaufbahn.

Die Fähigkeiten der Kinder in der Alltags- und Bildungssprache sind zu Beginn des Kindergartens vielfältig und lassen sich verschiedenen bildungssprachlichen Profilen zuordnen: Es gibt Kinder, deren Stärken beispielsweise im Erzählen, im Wortschatz, im Hörverstehen, im Sprechen in mehreren Sprachen und Varietäten (z.B. Schweizerdeutsch und Hochdeutsch) usw. liegen. All diese Fähigkeiten entwickeln die Kinder im Kindergarten weiter, indem sie beispielsweise ihren Wortschatz auf- und ausbauen, sich in Gesprächen angemessen mitteilen und dank bildungssprachlichen Kompetenzen stets neues Sprach- und Fachwissen erwerben.

Die Bildungssprache geht bei der Behandlung von Fachinhalten über das rein Fachliche hinaus und umfasst allgemein bildungsrelevante Sprachfunkti-

[1] In den meisten Kantonen der deutschsprachigen Schweiz beginnen die Kinder zwischen ihrem vierten und fünften Lebensjahr den Kindergarten zu besuchen und kommen mit ca. sechs bis sieben Jahren in die erste Klasse. In manchen Kantonen (z.B. in Zürich) dauert der Kindergartenbesuch zwei Jahre und ist obligatorisch. Gemäss Schweizer Lehrplan 21 umfasst der erste Zyklus Kindergarten bis 2. Klasse, also die ersten vier Schuljahre. In der Grundstufe werden die beiden Jahre des Kindergartens und die erste Klasse der Primarstufe zusammen unterrichtet. Die Basisstufe hingegen verbindet den Kindergarten und die ersten zwei Jahre der Primarstufe.
Vorliegend sind der Kindergarten, die Grundstufe und die Basisstufe drei Modelle der Eingangsstufe und werden begrifflich synonym verwendet, wobei der Ausdruck *Kindergarten* am häufigsten vorkommt.

onen und Formen wie etwa Zusammenfassen, Definieren und Erörtern. Begrifflich wird die Bildungssprache von der Schulsprache im engeren Sinn abgegrenzt, weil im Rahmen der Schulsprache «die gebrauchte Sprache und Spracherwartungen selbst primär schulisch und didaktisch hergestellt und gemacht sind» (Feilke, 2013, 113). Somit ist die Bildungssprache zum einen an Inhalte und Aktivitäten gebunden, die in den jeweiligen Lernfeldern einzelner Schulstufen angesiedelt sind. Zum anderen ist sie direkt mit der fortschreitenden Sprachbiographie der Kinder verbunden (Vollmer/Thürmann, 2013).

Auf der Kindergartenstufe wird die Bildungssprache primär in mündlich-kommunikativen Sprachhandlungen vermittelt. Bildungssprachliche Handlungen stehen Alltagsroutinen gegenüber und ebnen implizit den Weg für schriftsprachliche Situationen, die ab der ersten Klasse explizit behandelt werden. Die Kinder erweitern durch das neu gelernte bildungssprachliche Wissen schrittweise ihre Kompetenzen im Wortschatzbereich und in der konzeptionellen Schriftlichkeit (Juska-Bacher/Beckert, 2015). Wer einen grossen Wortschatz gespeichert hat, kann gehörte Wörter der alltäglichen Verständigung aus dem mentalen Speicher adäquat abrufen und uneingeschränkt kommunizieren (Ulrich, 2017).

1.1 Bildungssprache als mehrdimensionales Bündel

Die Bildungssprache ist ein mehrdimensionales Paket und umfasst zentrale Aspekte eines sprachbewussten Unterrichts, ist thematisch interdisziplinär, durchgängig, berücksichtigt die Mehrsprachigkeit, Lehrpläne u.a.m. Zudem ist sie dynamisch und erfordert gute Fähigkeiten auf der Ebene der Lautsprache, des Wortschatzes, der Grammatik, Pragmatik, Metasprache und Schriftlichkeit. All diese Sprachebenen stehen in Wechselbeziehung zueinander und verlaufen teilweise synchron. Sie entstehen unter anderem durch die Interaktion der Kinder mit ihrer Umwelt. Zu einigen dieser Ebenen erhalten die Kinder sehr früh Zugang, in anderen entwickeln sie ihre sprachlichen Fähigkeiten erst später, vor allem während der Schulzeit. Zeitgleich begünstigen gute Fähigkeiten in der Bildungssprache den Erwerb von assoziativen, emotionalen oder sozial-interaktiven Kompetenzen[2], die in den Bildungsstandards und im Lehrplan 21 (vgl. z.B. D-EDK, 2015, Grundlagen, S. 24) als überfachliche Kompetenzen thematisiert werden und einen hohen Stellenwert haben.

---

[2]«Kompetenzen sind die bei Individuen verfügbaren oder durch sie erlernbaren kognitiven Fähigkeiten und Fertigkeiten, um bestimmte Probleme zu lösen, sowie die damit verbundenen motivationalen, volitionalen und sozialen Bereitschaften und Fähigkeiten, um die Problemlösungen in unterschiedlichen Situationen erfolgreich und verantwortungsvoll nutzen zu können» (Weinert, 2002, 27f.). Diese Kompetenzdefinition liegt dem Lehrplan 21 als Referenz zugrunde.

Da die Kinder die Alltags- und Bildungssprache individuell erwerben, werden entsprechend unterschiedlich ihre fachsprachlichen Kompetenzen durch die fortschreitende Alltagssprache beeinflusst und entwickelt. Eine angemessene Sprachanwendung in den einzelnen Lernfeldern wirkt sich positiv auf die alltagssprachliche Kompetenz der Kinder aus (Rincke, 2010).

1.2 Lehrpersonen als Experten der Bildungssprache

Die unterstützende Rolle der Lehrpersonen als bildungssprachliche Experten kann massgeblich dazu beitragen, dass die Kinder ihr Wissen und Können in allen Lernfeldern aufbauen. «Die SchülerInnen durchlaufen dabei über das Aushandeln von fachunterrichtlich relevanten Bedeutungen, Methoden und Arbeitsweisen mit sprachlich kompetenten Mitschülern und den Lehrkräften eine bildungssprachliche 'Lehre'» (Vollmer/Thürmann, 2013, 54).

«Ein Kind hat 100 Sprachen sich auszudrücken, aber die Erwachsenen nehmen ihm davon 99», schrieb einst der Pädagoge Malaguzzi im Hinblick auf die ästhetische Erziehung (Thesing, 2001). Dies trifft auch für die Bildungssprache zu, denn eine umfassende Bildungssprache im Kindergarten darf sich nicht nur auf das Sprechen und das Spiel beschränken, sondern soll auch Bewegung, Musik, Tanz, Theater und Kunst einbeziehen – zumal diese Bereiche unabdingbar für die sprachliche Gesamtentwicklung eines Kindes sind. Es handelt sich um Ausdrucksformen, die jedes Kind auf natürliche Weise nutzt, wenn es mit seiner Umwelt interagiert.

Auf alle obigen Inhaltsaspekte näher einzugehen, würde den Rahmen dieses Buches sprengen. Die hier nur am Rande oder gar nicht genannten Aspekte der Bildungssprache sind wichtig.

In den nachfolgenden Abschnitten wird zunächst die Bedeutung des Spiels, des Sprechens und der relevanten inhaltlichen Ebenen der Bildungssprache im Kindergarten erläutert und im Kontext einer kompetenzorientierten Sprachförderung skizziert.

1.3 Spiel

Kinder jeden Alters spielen gern, weil es ihnen Spass macht: Sie verkleiden sich, spielen in verschiedenen Rollen, klettern die Leiter der Rutschbahn auf dem Spielplatz hinauf, um über die Rutsche wieder hinunter zu Boden zu kommen (Mietzel, 2002). Während des Spiels vollziehen die Kinder Lernprozesse und entwickeln zugleich durch die Auseinandersetzung mit der Umwelt ihre sprachlichen, sozialen und kognitiven Fähigkeiten. Erfahrungsgemäss spielen die Kinder im Kindergartenalter oft 'als ob' und bilden mithilfe verschiedener Objekte bestimmte Symbole. Dabei sind sie phantasievoll und kreieren nach und nach anspruchsvollere Spiele. Gleichzeitig lernen sie zu kooperieren, rücksichtsvoll zu sein, zu verhandeln, zu siegen, zu verlieren und ihre Bedürfnisse klar auszudrücken (Woolfolk, 2010).

1.3.1 Charakteristika des Spiels

Beim Spiel ist es charakteristisch, dass die Kinder spontan und kreativ handeln und dabei entdeckend, neugierig sowie engagiert ihr Sprach-, Sach- und Weltwissen auf- und ausbauen. Dadurch, dass die Kinder ihre Spielhandlungen meist selber steuern, sind sie motiviert und konzentrieren sich länger auf die Spielaktivität als beispielsweise bei angeleiteten Spielen, die von aussen an sie herangetragen werden. Zudem können die Kinder ihre Gedanken, Ideen, Bedürfnisse und Interessen angstfrei einbringen. Während des Spiels setzen sie die Sprache ein und interagieren mit ihren Spielkameraden oder ihrer Umwelt. Das Spiel vermittelt Kindern zahlreiche niederschwellige Lerngelegenheiten, um ihren Wortschatz, Lautsprache und ihr Sachwissen aufzubauen.

Vor allem Kinder ohne oder mit geringen Deutschkenntnissen trauen sich zu Beginn des Kindergartens oft nicht, in Dialogen von ihren Spielaktivitäten oder Erlebnissen zu berichten und benötigen die ko-konstruktive Unterstützung der Lehrperson. Wenn sie aber ritualartig in gemeinsamen Spielaktivitäten und Erzählungen mitmachen und durch die Lehrperson ermutigt werden, beispielsweise von der Betrachtung eines Bilderbuchs zu erzählen, erhöhen sie schrittweise ihre Erzählfähigkeit (Hartmann, 2005).

In diesem Zusammenhang können die Lehrpersonen die Sprachfortschritte der Kinder aktiv unterstützen, indem sie Bilderbücher, aber auch andere sprachlich-spielerische Aktivitäten als Lernwerkzeug nutzbar machen und die Kinder ermutigen, ihren Wortschatz gezielt einzusetzen, wenn sie über das betrachtete Bilderbuch oder die durchgeführte Handlung erzählen (Bönig/Thöne, 2017).
Dank Spielhandlungen entdecken die Kinder den Nutzen ihres aktiven Sprachgebrauchs als wichtiges Kommunikationsinstrument. Gleichzeitig erwerben sie dabei Satzstrukturen und erweitern ihre Wortbedeutungsnetze. Durch die Erweiterung dieser Kompetenz steigern sie wiederum ihr sprachliches Bewusstsein und setzen die Sprache immer gezielter ein, wenn sie interagieren (Albers, 2011).

Im Spiel handeln die Kinder aktiv und lassen ihre Spielhandlungen nicht immer durch extern auferlegte Regeln bestimmen. Dies macht sich zum Beispiel in Gesellschaftsspielen bemerkbar, wenn ein Kind den Würfel regelabweichend wirft.

Mit zunehmendem Alter ändert sich das Spielverhalten und Sprachlernen der Kinder. Sie beginnen, vermehrt Wort*spiele* zu gebrauchen. Zusätzlich zu den sprachlichen Fähigkeiten erweitern sie dabei ihre Sozialkompetenzen. Beispielsweise können sie Spielkonflikte ansprechen und dieselben ohne die

Intervention der Lehrperson lösen oder die abgemachten Spielregeln einhalten (Mietzel, 2002).

Bei mehrsprachig aufwachsenden Kindern lässt sich beobachten, dass sie je nach Spielpartner die eine oder andere Sprache oder alle ihre Sprachen gleichzeitig verwenden und dabei wenig auf die sprachliche Form achten. Spielgelegenheiten dieser Art sind motivierend und stellen eine ideale Umgebung für den Erwerb jeweiliger Sprachen dar (Schneider, 2015).

1.3.2 Spiel als zentrales Bildungsmedium des Kindes

Spiel ist eines der zentralen Bildungsmedien des Kindes und stellt die Grundform seiner Auseinandersetzung mit sich selbst und seiner Umwelt dar. Es bildet die Grundlage für sein Lernen und seine inszenierte, lustvoll erlebte Wirklichkeit. Im Spiel kann das Kind «die innere und äussere Realität unabhängig von realen Anforderungen verbinden, indem es etwa einen Holzklotz als Auto ansieht und so selbst mobil werden kann» (Stenger, 2010, 31). Über das Spiel wird das Kind Teil der Gesellschaft, zumal das Spiel eine wichtige gesellschaftlich-kulturelle Komponente hat, die für alle Kinder prägend ist. Dabei erwerben sie Gewohnheiten, «Prinzipien, Vorstellungen, Empfindungen, Interaktions- und Handlungsformen der Kultur/Gesellschaft» (ebd.). Das Spiel ist kein Mittel zum Zweck, sondern es ist sinnstiftend – es ermöglicht Kindern die Selbst- und Welterfahrung. Es besitzt eine Eigendynamik, denn es «beginnt, stockt, kommt wieder in Gang» (ebd., 33).

Im Spiel ahmen die Kinder Handlungsmuster der Gesellschaft nach, indem sie beispielsweise in einer 'Kochecke' im Kindergarten kochen, eine 'Arztpraxis' oder die 'Wohnung' einrichten, den 'Tisch' decken usw. Solche Rollenspiele tragen zur sprachlichen, sozialen und kognitiven Entwicklung des Kindes bei. Im Spiel erfahren sich die Eingangsstufenkinder «aktiv gestaltend, in einem freien Raum experimentierend» (ebd., 36).

An Spielangeboten mangelt es auf der Eingangsstufe nicht: Nebst den bislang genannten Aktivitäten bieten sich hierzu Erzählungen, Reime, Lieder, Silben- und Klangspiele sowie andere Themen und Materialien an (mehr dazu siehe Praxisteil in diesem Buch). Durch solche Angebote entwickeln die Kinder sprachliche, kommunikative, musikalische, tänzerische und performative Kompetenzen sowie ihre Denk- und Handlungsfähigkeit.

1.3.3 Spieltypen auf der Kindergarten-, Grund- und Basisstufe

Grob lassen sich vier Spieltypen auf der Eingangsstufe als besonders wichtig hervorheben:

1. **Symbol- und Rollenspiel:** Kindergartenkinder beobachten, was in ihrer unmittelbaren Umgebung passiert und simulieren dabei ihre Handlungen,

z.B. tun sie so, als ob sie ihr 'krankes Kind' (Puppe) pflegen würden. Beim Rollenspiel handeln sie spontan, indem sie das Spielthema auswählen und entsprechende Rollen übernehmen, beispielsweise Obst auf dem Herbstmarkt verkaufen. Dieser Scheinrealität sind sich die Kinder im Kindergartenalter bewusst. Bei angeleiteten Rollenspielen hingegen gibt die Lehrperson das Thema, die Dauer, die Rollen und das Spielmaterial vor. Es obliegt der Lehrperson, ein Gleichgewicht zwischen spontanen und angeleiteten Rollenspielen aufrechtzuerhalten.

2. **Experimentier-, Bau- und Konstruktionsspiel:** Die Kinder ziehen verschiedene Spielgegenstände heran (z.B. Stofftiere, Murmelsteine, Legosteine, Bauklötze) und experimentieren damit. Sie bauen beispielsweise ein 'Haus', einen 'Turm', eine 'Mühle', kombinieren zwei- und dreidimensionale Baukonstrukte und sind in der Lage, relativ wirklichkeitsgetreu zu konstruieren (z.B. ein Wohnviertel mit Häusern, Feuerwehr, Spital, Spielplatz).
3. **Regelgebundenes Spiel:** Bei diesem Spieltypus lernen die Kinder, sich während des Spiels an bestimmte Regeln zu halten. Regelbewusstsein ist eine bedeutsame Komponente der Sozialentwicklung. Sichtbar wird dies beispielsweise, wenn die Kinder bei einem Würfelspiel geduldig warten, bis sie würfeln dürfen. Dasselbe gilt für Sing-, Sprech-, Kreis-, Hüpf-, Tanz-, Wettkampf- und weitere kooperative Lernspiele auf der Eingangsstufe.
4. **Bewegungsspiele:** Spiele, die mit körperlichen Aktivitäten verbunden sind, gehören ebenfalls zum Alltag jedes körperlich gesunden Kindes. Bewegungsspiele sind unentbehrlich für die Entwicklung der Grob- und Feinmotorik. Durch Bewegung entwickeln die Kinder ihre Genauigkeit und Geschwindigkeit, ihre Fähigkeit, Übungen auszuführen. Vertrauen in die eigene Leistungs- und Ausdrucksfähigkeit wird dabei stets aufgebaut (mehr dazu Hartmann, 2005, 106-112).

Tanzen und lachen

Die skizzierten Spieltypen veranschaulichen, wie zentral das Spiel auf der Eingangsstufe ist und weisen zugleich darauf hin, dass die Lehrpersonen dafür sorgen sollten, dass entsprechendes Material, entsprechende Geräte und Ausstattung sowie genügend Zeitgefässe zur Verfügung stehen, damit die Kinder maximal vom Bildungsmedium Spiel profitieren können.

1.3.4 Gezielter Einsatz von Spielangeboten und Spielmaterial

Nicht zu unterschätzen ist beim Erwerb der Bildungssprache die Wirkung einer bewussten Abstimmung der Spielmaterialien, deren Farbenkombination, der Raumschmuck sowie die in sich stimmige Gleichmässigkeit der Spielgegenstände auf der Eingangsstufe.

Überfüllte Räume, die wenig Platz zum Spielen übrig lassen und einen zu bunten Farbenkontrast darstellen, können einengend wirken und unter Umständen Unruhe erzeugen. Die bereitgestellten Spielgegenstände sollen Bezug zum aktuellen Thema nehmen. Wird beispielsweise das Thema *Zirkus* behandelt, so werden eine entsprechende Bilderbuchgeschichte, eine Puppe als Leitfigur sowie Zirkuslieder und Requisiten für die Verkleidung der Kinder herangezogen (mehr zu diesem Thema siehe Kapitel 8 in diesem Buch).

Dies bedeutet freilich nicht, dass den Kindern der Zugang zu anderen auf der Eingangsstufe verfügbaren Spielgegenständen gesperrt wird. Im Gegenteil, Letztere sollen in offenen Gestellen verfüg- und sichtbar sein für die Kinder, damit sie damit spontan etwas gestalten oder spielen können, wenn die Gruppe nicht gerade mit einem angeleiteten thematischen Spiel beschäftigt ist. Das Spielmaterial sollte also strukturiert in den Kisten angeboten und beschriftet sein, damit die Kinder wissen, wo was ist und je nach Spiellust davon Gebrauch machen können.

Materialkisten sind thematisch strukturiert und für die Kinder zugänglich

Strukturierte Materialangebote bergen einen gewissen Reiz und vermeiden einen unnötigen Spielsachenüberfluss. Ziel soll es bleiben, mittels Gegenständen alle oben genannten Fähigkeiten der Kinder (Kommunikation, Sprache, Kognition, Sozialkompetenz, Motorik usw.) mehrdimensional und in vielfältigen Spielaktivitäten zu unterstützen.

Zusammenfassend lässt sich sagen, dass Spielen ein Kernelement (der Rahmenhandlung) auf der Eingangsstufe ist. Durch das Spiel können die Kinder selbst komplexe Wörter und Sinnzusammenhänge leichter erschliessen, als wenn die Lehrperson sie ständig dazu anhält, unbekannte Wörter zu produzieren und dabei Gefahr läuft, dass die Kinder ihre Sprechlust verlieren. Die pädagogisch-lernpsychologische Kunst liegt vielmehr darin, den Kindern verschiedene Handlungs- und Lernwege zu vermitteln (gestalten, malen, spielen, Verse aufsagen, musizieren), die ihnen Spass machen und auch Assoziationen erzeugen (Lentes/Theisen, 2004).

Dies bedeutet, dass sich im Spiel die Lernbereiche Sprache, Bewegung und ästhetische Wahrnehmung treffen und zu einer Entwicklungseinheit werden. Kurz: Während der Auseinandersetzung mit sich selbst und ihrer Umwelt erforschen und entdecken die Kinder auf natürliche Weise verschiedene Facetten der Sprache(n), lernen zu kooperieren, Dialoge mit dem Spielpartner zu führen, die Spielgegenstände zu teilen, im Rollenspiel das Sozialverhalten zu entwickeln u.a.m.

Zwischenfazit: Im Spiel entdecken die Kinder den Nutzen ihres Sprachgebrauchs als zentrales Kommunikationsmittel. Sie erschliessen und verarbeiten dabei selbst komplexe Wörter und sprachlich-inhaltliche Zusammenhänge, die sie altersgemäss in verschiedenen Situationen adäquat rezipieren und produzieren. In Spielhandlungen verbinden die Kinder die Lernbereiche Sprache, Bewegung und ästhetische Wahrnehmung zu einer Einheit und entdecken zugleich auf natürliche Weise zahlreiche Facetten der Bildungssprache.

1.4 Sprechen

Sprechen beginnt mit der Produktion der Laute, die den Anfang des produktiven Spracherwerbs darstellen. Die Lautsprache ist ein rund zwei Millionen Jahre altes Evolutionsprodukt und somit viel älter als die Schriftsprache, die als kulturelle Errungenschaft vor ca. 5-10'000 Jahren erfunden wurde (Jäncke, 2013). Der Weg von der vorsprachlichen Phase der Lautproduktion und dem deiktischen Gebrauch, wie zum Beispiel *da, dort, jetzt* über die Verwendung von Namen bis hin zu Präpositionen oder Pronomen erfolgt natürlich nicht im luftleeren Raum, sondern es kommen stets neue spezifische Sprachfähigkeiten hinzu. Dank dem Zusammenspiel verschiedener Hirnareale wird Sprechen überhaupt ermöglicht und ist «ein lebenslanger Prozess der Selbstbildung» (Günther, 2007, 12). Somit ist Sprechen eine menschenspezifische Erscheinung, die nicht nur auf die soziale oder kognitive Entwicklung reduziert werden kann – zumal die Sprechkompetenz eines Kindes von verschiedenen Voraussetzungen und Faktoren abhängt.

Durch wiederkehrende Situationen beim Füttern, Stillen, Wickeln oder Spielen ergeben sich beispielsweise Interaktionen bzw. Vorformen des Dialogs zwischen Bezugspersonen und Säuglingen. Dabei äussern die Bezugspersonen intuitiv Sprachmerkmale, die von den Kindern wahrgenommen werden. Auf diese Weise erwerben die Kinder sehr früh die Sprachlaute, den Wortschatz, die Grammatik und andere kommunikative Aspekte jener Sprachen, in denen sie sozialisiert werden (Weinert/Grimm, 2012).

1.4.1 Sprechen als Interaktionsmedium

Alle erworbenen Sprachaspekte benutzen die Kinder in Sprech- und Spielsituationen als Medium, um sich mit anderen Kindern und Erwachsenen auszutauschen sowie Wünsche, Bedürfnisse oder Gedanken zu äussern. Sie sprechen neu gelernte Verse oder singen ihren Eltern neue Lieder vor, zeigen ihnen stolz Zeichnungen, erzählen von betrachteten Bilderbüchern, Erlebnissen, Sprach- und Bewegungsspielen oder anderen Erfahrungen im Kindergarten, auf dem Spielplatz oder zuhause. Sie tanzen und singen, wenn sie Freude ausdrücken, lachen, wenn sie gleichaltrige Freunde, ihre Eltern oder Grosseltern umarmen. Sie integrieren Bewegungen, wenn sie erzählen, wie sie sich fühlen und was sie gerade denken. Mit ihren Ausdrucksformen entwickeln die Kinder ihre gesamte Persönlichkeit und stellen ihre Sprachwelt dar. Die Kinder brauchen somit Sprechanlässe, damit sie ihre Sprechkompetenzen früh auf- und ausbauen können. Die Sprechgelegenheiten sollen sich demnach nicht auf blosses Imitieren oder passives Zuhören beschränken, sondern ihnen ermöglichen, ohne äusseren Zwang und spielerisch den Wortschatz, die Lautsprache, die grammatischen Kategorien sowie andere bildungssprachrelevante Fähigkeiten aufzubauen (Weinert/Grimm, 2012).

1.4.2 Kindergarten als Wiege der Sprechmöglichkeiten

Der Kindergarten setzt an bislang genannten Bildungssprachaspekte an und räumt dem Sprechbereich einen besonders hohen Stellenwert ein, weil Sprechen zusammen mit Hörverstehen zwei zentrale Bereiche für die gesamte Sprachentwicklung jedes Kindes sind. Darin wird überhaupt die Chance begründet, späteren Lese- und Schreibanforderungen zu entsprechen und mit der Bildungssprache kompetent umgehen zu können (Günther, 2007; Selimi, 2016). Im Kindergarten bieten sich zahlreiche Sprechmöglichkeiten, die bewusst aufgegriffen und spielerisch umgesetzt werden sollten. Beispielsweise erzählen die Kinder von ihren Erlebnissen auf dem Spielplatz oder betrachten und besprechen ein Bilderbuch, erzählen eine Geschichte, spielen Puppentheater in verschiedenen Rollen. Sie entdecken Symbole oder Piktogramme und stellen Fragen dazu oder erläutern deren Bedeutung.

Daraus folgt, dass im Kindergarten ein wesentlicher Teil der Sprachhandlungen im Gespräch erfolgt. Erzählen und Vorlesen sind dabei zwei häufige Formen des Gesprächs, die monologisch und dialogisch stattfinden. Beispielsweise erzählt die Lehrperson einen Teil des Textes und fragt die Kinder, wie die Geschichte weitergehen könnte. Daraufhin lässt sie die Kinder weitererzählen und fragt am Schluss, was ihnen am besten gefallen habe. Oder sie verteilt Kindern in kleinen Gruppen Wörter, anhand derer sie selber einen Teil der Erzählung übernehmen und weiterspinnen können. Sobald die Kinder diese Erzähltechnik beherrschen, können sie eine Geschichte von Beginn an ohne Unterstützung der Lehrperson erzählen. Oder die Kinder erhalten zusammenhängende Bildkarten und erzählen damit eine Geschichte.

Erzählen schafft imaginäre Bilder und schärft das Sprachverständnis der Kinder. Wenn sie in der Gruppe eine Geschichte erzählen oder erfinden, lernen sie zudem zu kooperieren und entwickeln dabei ihre soziale Kompetenz.

1.4.3 Dialoge durch Besprechung von Bilderbüchern

Interessante Dialoge entstehen, wenn die Lehrperson mit den Kindern ein Bilderbuch bespricht. Allerdings empfehlen sich auch hierbei kleine Gruppen mit maximal vier Kindern, damit diese die Bilder gut sehen und genauer betrachten können, während sie darüber sprechen. Fühlen sich die Kinder von einem Bilderbuch angesprochen, so können sie lange bei den einzelnen Bildern verweilen.

Dialog durch Bilderbuchbetrachtung

Damit sie einem Bilderbuch möglichst viele Details entnehmen, darüber sprechen und dadurch ihren Wortschatz erweitern, kann die Lehrperson einen Karton mit einem Loch verwenden und diesen während der Besprechung so auf dem Bild bewegen, dass die Kinder nur einen Ausschnitt des Bildes durch das Loch wahrnehmen und zunächst Vermutungen anstellen.

Wie bereits erwähnt, realisieren die Kinder einen grossen Teil ihrer Sprechhandlungen im Spiel. Dabei üben sie elementare Sprechprozesse: Atmung, Stimme, Aussprache, Intonation, Körpersprache, Schriftlichkeit und andere Fähigkeiten und Fertigkeiten (Günther, 2007). Somit zählen zu den Aspekten der Sprechkompetenz, die im Kindergarten beachtet werden sollen, «das Gespräch, die freie Rede, das Argumentieren, das Erzählen, das Vortragen, die Atmung, die Stimme, die klare und deutliche Aussprache, die Körpersprache mit Mimik, Gestik und Blickkontakt, die Emotionen und die Stimm- und Sprechstörungen» (Günther, 2007, 12).

1.4.4 Sprechen als multifunktionales Medium bildungssprachlichen Kompetenzaufbaus

Mittels Sprechen übertragen die Kinder ihre Ideen, Bedürfnisse, Anliegen in hörbare Sprache. Auch ihre Lernbereitschaft, Neugier und ihren Spieltrieb begleiten sie mit Sprechaktivitäten und erweitern zeitgleich ihre rezeptive und produktive Wortschatzkompetenz. Zudem festigen sie ihre phonologische Bewusstheit, indem sie im Spiel Reime, Sprechverse, Gedichte oder sogenannte Zungenbrecher spielerisch üben. Sie lernen, kurze Vokale von langen oder stimmhafte Laute von stimmlosen zu unterscheiden, sich in korrekten Sätzen mitzuteilen und über das Gesprochene nachzudenken.

Sprechen in verschiedenen Rollen und Formen

Durch die zahlreichen Sprechübungen und Spiele im Kindergartenalltag lernen die Kinder zudem, ihre Artikulationsorgane (z.B. Lippen, Zunge, Unterkiefer, Gaumensegel, Zähne) locker und ungehindert zu bewegen. Erst diese motorische

Entwicklung ermöglicht komplexe Bewegungsabläufe der Mundmuskulatur. Die Mundmuskulatur ist nicht zuletzt entscheidend für den Sprechvorgang, d.h. für die Bildung von Lauten, Wörtern und Sätzen. Somit setzt die Sprechfähigkeit eine intakte Steuerung der Feinmotorik voraus (Lentes/Thiesen, 2004).

1.4.5 Vielfalt der Sprechkompetenzen von Kindergartenkindern

Im Kindergarten kommen Kinder mit unterschiedlichen Voraussetzungen und Sprechkompetenzen zusammen. Es gibt beispielsweise Kinder, die zu Hause Deutsch sprechen und solche, die in der Familie eine andere Sprache sprechen und erst im Kindergarten Deutsch lernen. Die Mehrheit der zweiten Gruppe lernt schnell Deutsch und kann innerhalb von zwei bis drei Jahren altersgemäss kommunizieren. Hingegen dauert es viel länger, bis die Kinder über gute bildungssprachliche Kompetenzen verfügen und komplexere Sprechsituationen bewältigen.

In diesem Zusammenhang sind die Qualität und Intensität der Gespräche bzw. Interaktionen zentral. Es wird angenommen, dass das Wortrepertoire der Kinder umso grösser wird, wenn der verwendete Wortschatz in mündlichen Sprechaktivitäten des Kindergartens variiert.

Exkurs: Angesichts der Tatsache, dass die sogenannte Diglossie (d.h. Gebrauch von Dialekt und Standardvarietät) den realen Spracherwerb vor allem in der Schweiz, aber auch im gesamten deutschsprachigen Raum prägt, sollen die Sprachaktivitäten in der Standardsprache wie auch in der dialektal gefärbten Umgangssprache stattfinden – die Regionalsprache ist von fundamentaler Wichtigkeit. Auf diese Weise entdecken die Kinder die Vielfalt der deutschen Sprache mit all ihren zahlreichen Varietäten. Demzufolge soll die Lehrperson verschiedene Gesprächsgelegenheiten nutzen und die Kinder ermuntern, in beiden obigen Varietäten des Deutschen viel zu sprechen. Sie spricht mit den Kindern über die Varietäten, deren Funktion und Bedeutung im Alltag: z.B. was unterscheidet sie, wo verwendet man welche Varietät? Zudem setzt sie ihre gepflegte Sprache vorbildlich und bewusst ein, stellt thematische Fragen, hört aufmerksam zu, wenn die Kinder etwas erzählen und betrachtet Sprechen als Kernelement des Unterrichtsalltags.

Zwischenfazit: Sprechen als individuelle Realisierung von Bildungssprache umschliesst mehrere Elemente und ist unter anderem von der Bereitschaft, Einstellung und intrinsischen Motivation jedes Kindes abhängig. Ein wichtiges Element des Sprechens auf der Eingangsstufe ist Erzählen. Erzählen und Spielen sind zwei verschiedene Qualifikationsbereiche, die entsprechend anders strukturiert sind. Für mehr Informationen rund um das Thema Erzählen sei z.B. auf die zahlreichen Forschungen von Konrad Ehlich und Uta Quasthoff hingewiesen).

1.5 Schriftlichkeit im Kindergarten

Die konkrete Einführung der Kinder in die Schriftlichkeit wird zwar erst ab der ersten Klasse aktuell und wichtig. Der Kindergarten legt daher den Fokus auf die gehörte und gesprochene Sprache, bereitet jedoch dabei implizit den Weg zur Schriftlichkeit vor. Hierbei bildet beispielsweise die Betrachtung von Bilderbüchern eine wichtige Komponente der Schriftlichkeit und erleichtert Kindern den Zugang zu Buchstaben und Wörtern, sobald sie lesen und schreiben lernen.

Ebenfalls nützlich sind Hör- und Lauschspiele, Gedichte, Reime, Sprüche, Verse oder Lieder, die wesentlich für den Wortschatz und die phonologische Bewusstheit sind. Diese gelten als Vorläuferfertigkeiten der Schriftlichkeit.

Eine bewährte Form der Vorbereitung der Kinder auf die Schriftlichkeit ist die Arbeit mit Wortbetonungsmustern. Als Strategie bzw. Hilfestellung operieren die Kinder mit Punkten, wenn sie zwischen der betonten und unbetonten Silbe unterscheiden müssen. Für die erste, betonte Silbe verwenden sie z.B. einen grossen und für die zweite unbetonte Silbe einen kleinen Punkt, den sie jeweils oberhalb der entsprechenden Silbe setzten (Bsp. HO/SE [HO/SE]). Liegt die Betonung auf der zweiten Silbe (z.B. BA/NA/NE [BA/NA/NE]) oder auf der dritten (z.B. ME/LO/DIE [ME/LO/DIE]), stellen sie die kleinen Punkte voran – einen bei zweisilbigen und zwei bei dreisilbigen Wörtern (Tophinke, 2003). Die Punkte stellen gewissermassen eine visuelle Wahrnehmungshilfe bei der Wiedergabe von Schriftzeichen dar. Das Kind erkennt die Gestalt eines Wortes als Ganzes und lernt mit der Zeit auch die einzelnen Buchstaben desselben kennen. Es erfasst zudem die Reihenfolge der Buchstaben im Wort. Gespeicherte Zeichen kann das Kind immer gewandter beim Lesen und Schreiben aus dem mentalen Wortspeicher hervorrufen.

Beim Lese- und Schreiberwerb müssen die Kinder Laute und Buchstaben miteinander verbinden (Laut-Buchstabe-Korrespondenz). Für die Wortzerlegung setzen sie ihre phonologisch-phonetische Kompetenz ein. Sie erkennen beispielsweise, dass das Wort A-R-M aus einer Silbe mit drei Elementen/Buchstaben besteht. Die obige Unterstützungsstrategie anhand von Punkten ist insbesondere für Kinder hilfreich, die Deutsch als Zweitsprache erwerben. Die Beherrschung der Wortbetonungsmuster liefert diesen Kindern allerdings nicht den Hinweis, dass beispielsweise hinter einer betonten Silbe die sogenannte Wortgrenze liegt (Tophinke, 2003).

Zwischenfazit: Die Schriftlichkeit baut auf der Mündlichkeit auf. Beide Sprachbereiche stehen untereinander und mit weiteren Bereichen wie etwa Wahrnehmung, Spiel und Bewegung in Wechselbeziehung. Die Besonderheit der deutschen Sprache liegt darin, dass für manche Laute mehrere Buchstaben verwendet werden (z.B. sch, ch, ck). Dies kann für manche Kinder der Eingangsstufe herausfordern sein.

2 INHALTLICHE EBENEN DER BILDUNGSSPRACHE

Die Bildungssprache verfügt über verschiedene Beschreibungsebenen. Zu den Merkmalen all dieser Ebenen zählt die Tatsache, dass die Kinder damit konkrete und abstrakte Aspekte aus allen Lebensbereichen rezeptiv und produktiv thematisieren können. Die Ebene der Laute und des Lautsystems entwickelt sich beispielsweise ab dem ersten Lebensjahr und bereitet den Weg zum Wortschatz und Grammatikerwerb vor. Die Ebene der Wortschatz- und Wortbedeutungsfähigkeit stellt Kindern die Wörter als sinntragende und bedeutsame Einheiten zur Verfügung, wenn sie sich mitteilen. Die Ebene des Wort- und Satzaufbaus ist vor allem für die Schriftlichkeit unverzichtbar. Die Ebene der Kommunikation und der Beachtung von Gesprächsregeln ist zentral, um situationsgerecht und kontextbezogen zu kommunizieren (ausführlich dazu vgl. Ehlich, 2005; Ehlich/Valtin/Lütke, 2012). Diese Bausteine der Bildungssprache hängen zusammen und sind erfolgversprechend für die Bildungslaufbahn jedes Kindes, wenn sie während der ganzen Schulzeit als Bündel im Unterricht behandelt werden.

2.1 Lautsprache

Die Wahrnehmung der Sprachlaute beginnt lange bevor ein Säugling die ersten Wörter produziert. Diese frühe rezeptive Erfahrung mit Sprachlauten hilft, die Besonderheiten der Prosodie (Betonung, Rhythmus, Sprachmelodie und Pausen) von Sätzen und Wörtern zu erfahren. Dank dieser Erfahrung können die Kinder von Geburt an menschliche Laute von anderen Lauten unterscheiden. Aufgrund der Lautmerkmale erkennen sie zudem, wie ihre Muttersprache klingt und unterscheiden diese von anderen Sprachen (Weinert/Grimm, 2012). Aus der rezeptiven Lautentwicklung entsteht im ersten Lebensjahr der produktive Lauterwerb, der bereits im ersten Lebensjahr in die Wortproduktion mündet. Demnach verarbeiten die Kinder lautsprachliche Äusserungen, sobald sie die Sprachlaute akustisch-phonologisch zu analysieren beginnen (Jäncke, 2013). Säuglinge können beispielsweise kurz nach der Geburt die stimmhafte Silbe /ba/ von der stimmlosen /pa/ oder das Lautpaar /ba/ von /ga/ unterscheiden (Dijkstra/Kempen, 1993).

2.1.1 Phasen des Lautspracherwerbs

Die Kinder produzieren sehr früh Laute, wie zum Beispiel die Plosive *p, b, t, d, k, g* am Anfang eines Weinkrampfes oder Bilabiale *p, b, m* beim Trinken oder die Vokale e, eu, ü. Lautäusserungen stellen den Anfang der Sprachproduktion dar und sind auch eng mit dieser verbunden. Sie wiederholen zuerst Konsonant-Vokalpaare wie *bababa, gagaga*; dies wird auch Babbelphase genannt. Mit ungefähr neun Monaten beginnen sie, Lautfolgen mit unterschiedlichen Betonungen und Intonationsmustern zu produzieren (Kauderwelsch). Sie entdecken dabei den Zusammenhang zwischen der Sprachproduktion und deren auditiven Auswirkungen, also der Sprachrezeption (Dijkstra/Kempen, 1993). Diese Phase stellt den Übergang von der parasprachlichen zur frühen Phase der sinnvollen Wortverwendung dar. Hierbei sei darauf hingewiesen, dass der Lauterwerb von der jeweiligen Sprache abhängt, in der ein Kind sozialisiert wird.

2.1.2 Bedeutung der Lautstruktur einer Sprache für den Lautspracherwerb

Die Lautstruktur einer jeweiligen Sprache ist entscheidend für die Erkennung der Lautsprache und deren Anwendung. In slawischen Sprachen wird zum Beispiel zwischen dem Vokal /u/ und dem Umlaut /ü/ nicht unterschieden. Kinder deutscher Erstsprache wiederum lernen sehr früh, zwischen den Lautkategorien r/l oder b/p zu unterscheiden. Kinder japanischer Erstsprache kennen diesen Lautunterschied hingegen nicht (Weinert/Grimm, 2012). Zudem erkennen die Kinder früh, dass ein Wort durch die Veränderung eines Lautes etwas anderes bedeutet: Aus *Fang*, wird *Gang, Rang, Hang, lang* usw. (Mietzel, 2002).

Diese Beispiele weisen darauf hin, dass je nach Sprachentwicklung und Lautstruktur der Erstsprache einzelne Kinder im Kindergartenalter gewisse Laute noch nicht aussprechen können und zum Beispiel /t/ statt /k/ sagen. Oder ein Kind spricht zwar den Laut /k/ korrekt aus, nimmt jedoch dessen bedeutungsunterscheidende Funktion in einem Wort nicht wahr. Es sagt beispielsweise *Tatze*, statt *Katze*. Einzelne Konsonanten wie etwa /l/, /r/ und /s/ oder Konsonantengruppen wie /sch/, /str/, /rst/ oder /sp/ erlernen viele Kinder erst im Kindergartenalter, also nachdem sie Einwortsätze erworben haben. Von diesen Lauten abgesehen ist die Entwicklung der phonologischen Bewusstheit im Kindergartenalter mehr oder weniger abgeschlossen (Dijkstra/Kempen, 1993). Die Beispiele weisen zudem darauf hin, dass die Kinder den phonologischen Prozess im Erwerb des Lautsystems bewältigen, jedoch für die verschiedenen phonetisch-phonologischen Entwicklungsstadien unterschiedlich lange brauchen.

Hier setzen die Angebote des Kindergartens an, die es Kindern mit Deutsch als Erst- und Zweitsprache ermöglichen, Laute vertieft zu differenzieren. Damit Kinder aktiv sprechen, brauchen sie genügend Spielraum, um Verse, Lieder und Reimwörter mit der Stimme zu improvisieren. Dabei verbinden sie ihre Stimme mit dem Rhythmus. Sie nehmen verschiedene Sprachklänge wahr und entwickeln ihre Aufmerksamkeit. Zudem erweitern sie ihr Lautinventar in verschiedenen Variationen und Zusammenhängen.

2.2 Wortschatz und Wortbedeutungen

Die Kinder erwerben in den ersten Lebensjahren täglich mehrere Wörter und verfügen am Ende der obligatorischen Schulzeit über einen produktiven Wortschatz von über zehntausend Wörtern. Der rezeptive Wortumfang ist bedeutend grösser und kann bis zu sechzigtausend Wörter umfassen (Weinert/Grimm, 2012).

Sobald die Kinder über einen produktiven Wortschatz von hundert bis zweihundert Wörtern verfügen, beginnen sie, diese Wörter kombiniert zu verwenden. Gleichzeitig erweitern sie dabei ihr Vokabular durch zusätzliche Wortarten, insbesondere durch Verben und Adjektive. Ab einem Wortschatz von rund vierhundert Wörtern im Alter von zweieinhalb Jahren verwenden sie zudem die ersten Funktionswörter, wie zum Beispiel den richtigen Artikel, Hilfsverben, Präpositionen und Konjunktionen (Weinert/Grimm, 2012). Der Wortschatz ist nun relativ umfangreich und wächst auf mehrere tausend Wörter. Die Kinder bilden auch abstrakte Wörter, die Orte, Grössen oder Zeiten ausdrücken, wenn auch mit gewissen Abweichungen in der Anwendung. Sie sagen beispielsweise *vor* statt *vorne*. Vorhandene Nomen, Verben, Adjektive und Präpositionen werden immer differenzierter. Die Kinder verwenden nun nebst dem bereits ab dem zweiten Lebensjahr erworbenen unbestimmten Artikel auch den bestimmten. Sie bilden Pluralformen von Substantiven, konjugieren Verben und deklinieren Adjektive. Auch die syntaktische Entwicklung nimmt ihren Einzug: Sie formulieren nun längere Sätze (Dijkstra/Kempen, 1993).

Studien zufolge nutzen die Kinder flexibel und aktiv unterschiedliche Hinweisquellen und sind ab dem zweiten Lebensjahr durchaus fähig, eine Zuordnung zwischen Wörtern und Objekten herzustellen. Das heisst, sie können Wortbedeutungen auf weitere verwandte Objekte ausdehnen. Der Wortschatzaufbau umfasst in dieser Phase sowohl sozial-kommunikative als auch sprachformale und lexikalische Aspekte (Weinert/Grimm, 2012).

2.2.1 Phasen der Wortschatzentwicklung

Grob lässt sich die Wortschatzentwicklung in der frühen Kindheit in drei Phasen unterteilen:

- Die erste Phase beginnt im ersten Lebensjahr und zeichnet sich durch den pragmatischen Gebrauch sozial bezogener Wörter aus. Bsp.: Mama, Papa usw.
- Die zweite Phase setzt ab dem zweiten Lebensjahr ein und umfasst ein schnelles Wortlernen für Objekte und deren Merkmale. Besonderes Merkmal dieser

Phase ist die Übergeneralisierung der Wortbedeutungen. Beispielsweise neigen die Kinder dazu, das Wort *Bonbon* (Schweizerdeutsch: *Zückerli*) für alle Süssigkeiten zu verwenden.

- Die dritte Phase beginnt im dritten Lebensjahr und zeichnet sich durch den schnellen Erwerb von Wortarten aus, insbesondere von Nomen, Verben und Adjektiven, aber auch von Funktionswörtern. Auffallend ist in dieser Entwicklungsphase des Wortschatzerwerbs die Verwechslung von Verbpaaren, zum Beispiel *geben – nehmen* (Mietzel, 2002).

Der Wortschatz als zentrales Element der Bildungssprache wird durch komplexe rezeptive und produktive Spiel- und Sprachhandlungen im Kindergarten immer grösser. Ähnlich wie beim Erwerb der Lautsprache hängt der Wortschatzerwerb davon ab, in welcher Sprache und Sprachumgebung ein Kind bis zum Kindergarten sozialisiert wurde. Das heisst, die Sprachen unterscheiden sich auch hinsichtlich des Wortschatzes und der Wortbedeutungen. Beispielsweise lässt sich der deutsche Oberbegriff *Grosseltern* nicht wörtlich ins Albanische übersetzen, sondern muss paraphrasiert und in zwei Begriffen ausgedrückt werden: *gjyshi e gjyshja* (zu Deutsch: der Grossvater und die Grossmutter). Im Zusammenhang mit den Ober- und Unterbegriffen machen Weinert und Grimm darauf aufmerksam, dass es im Arabischen zum Beispiel keinen Oberbegriff für Pferdearten gibt. Die Hopi-Indianer verwenden für fliegende Objekte wie etwa Flugzeuge oder Insekten denselben Begriff, nicht jedoch für den Begriff *Vogel*, obschon die meisten Vogelarten auch fliegen (Weinert/Grimm, 2012).

2.2.2 Erwerb von Wortbedeutungen

Hinsichtlich des Erwerbs von Wortbedeutungen wird angenommen, dass die anfänglich erworbenen Wortbedeutungen sehr eng mit den Handlungsroutinen der Kinder verbunden sind. In der darauffolgenden Stufe verwenden die Kinder die erworbenen Bedeutungen als *persönliche Symbole* freier als am Anfang, die Grenzen der Wortbedeutungen sind jedoch vage. Im dritten Stadium verwenden sie die erworbenen Wortbedeutungen als soziale Symbole. Abweichungen vom Standard-Wortgebrauch kommen vor, sind jedoch weniger persönlich bezogen als in der Phase davor. Wortkombinationen treten durch die Zunahme des Wortschatzes auf und drücken Kasusrelationen aus, z.B. *Papa(s) Auto* (Besitzrelation). Auf Zweiwortsätze folgen Kombinationen aus drei und mehr Wörtern (Mehrwortsätze), welche die Kinder auf spielerische Weise üben, wenn sie beispielsweise abends vor dem Einschlafen im Bett die Tageserlebnisse im Selbstgespräch verarbeiten.

Die Kinder verwenden zuerst Nomen, Verben sowie einige Präpositionen und Adverbien. Nach und nach gebrauchen sie Funktionswörter, wie z.B. Artikel, Konjunktionen oder Pronomen (Dijkstra/Kempen, 1993).

2.2.3 Einflussfaktoren des Wortschatzerwerbs

Der Erwerb von Wörtern und deren Bedeutungen hängt mit sprachlich-kulturellen Registern zusammen, die für jedes Kind prägend sind. Dies umso mehr wenn man bedenkt, dass die Kinder von vielfältigen Objekten umgeben sind und zeitgleich sprach- wie kulturspezifische Vorstellungen erwerben, die jedoch verschieden sind (Naujok, 2011). Die Verflechtung von sprachlichen und kulturellen Inhalten führt dazu, dass die Kinder bestimmte Wortbedeutungen oder Textgattungen wie etwa Fabeln verschieden wahrnehmen und interpretieren. Beispielsweise kennen albanisch aufwachsende Kinder aus ruralen Gebieten die Bedeutung des dialektal gebrauchten Wortes *Oda* (zu Deutsch: *Aufenthalts- bzw. Unterhaltungsraum*) und wissen schon im Kindergartenalter, dass es sich dabei um einen grossen Raum handelt, in dem sich die Männer traditionell versammeln und unterhalten. So etwas ist einem deutschsprachigen Kindergartenkind unbekannt. In Fabeln wird beispielsweise der Adler als starkes, mutiges und schützendes Tier dargestellt, dessen Charaktereigenschaften die Kinder dieser Sprachgemeinschaft von Anfang an positiv wahrnehmen und diese sich selbst gerne zuordnen (Selimi, 2017).

Diese Beispiele zeigen, dass mit der Versprachlichung bestimmter sprachlich-kulturell bedingter Phänomene unterschiedliche Aspekte gemeint sein können und die Wortbedeutungen, mit denen die Kinder Objekte, Situationen oder Sachverhalte benennen, keine willkürliche Etikettierung sind, sondern eng mit der Sprache, Kultur und Kognition des Kindes verbunden sind. Es lohnt sich, solche Aspekte mit den Kindern bewusst zu thematisieren.

2.3 Wort- und Satzbau (Grammatik)

Zusammen mit dem Wortschatz erwerben die Kinder sehr früh die Grammatik, die den Wort- und Satzbau umschliesst. Sie strukturieren die eher telegraphisch verwendeten Zweiwortkombinationen nun regelhaft. Beispiel: *Mama kommt*. Vierjährige können in der Erstsprache ganze Sätze grammatisch korrekt bilden. Der Wort- und Satzaufbau in der frühen Kindheit kann grob in drei Stufen dargestellt werden:

- In der ersten Stufe speichern die Kinder grammatische Strukturen oberflächlich im Gedächtnis und rufen dieselben isoliert und als nichtanalysierte Einheit aus dem Gedächtnis ab. Beispiel: *geruft*. Das ist eine Übergeneralisierung, d.h. das Kind hat erst die (häufigere) Perfektbildung auf *-t* erworben.
- In der zweiten grammatischen Entwicklungsstufe erkennen sie, dass die Wörter aus Einheiten zusammengesetzt sind und dehnen regelmässige Muster auf unregelmässige Formen aus.
- In der dritten Stufe der strukturellen Reorganisation bilden die Kinder korrekte Wortformen, die sie in ihr morphologisches Regelsystem integriert haben (Szagun, 2013).

Auch wenn die Kinder im Kindergartenalter die Satzmuster ihrer Erstsprache beherrschen, haben sie ihren grammatischen Entwicklungsprozess noch nicht abgeschlossen. Nach ihrem fünften Lebensjahr verbessern sie in einem wichtigen Entwicklungsschritt ihr Sprachwissen, indem sie beispielsweise ihre Rechtschreibkompetenz aufbauen (Weinert/Grimm, 2012).

2.3.1 Sprachwissen, Sprachkönnen und Sprachbewusstsein

Sprachwissen umfasst die Fähigkeit der Kinder, über altersgemässe Einsichten in verschiedene Sprachaspekten zu verfügen. Im Kindergartenalter erwerben sie dieses Wissen vorwiegend in mündlichen Interaktionen bzw. Sprachhandlungen, aber auch durch die Auseinandersetzung mit Bilderbüchern. Sie erkennen (oft intuitiv) die Bauelemente der Sprachstruktur und erweitern durch die Reflexion ihr grammatisches Wissen und Können (Andresen/Funke, 2006).

Sprachwissen der Kinder in verschiedenen Stufen:

- Ab fünf Jahren verfügen die Kinder über implizites Sprachwissen, indem sie in ihrer Erstsprache korrekt und erfolgreich kommunizieren, ohne jedoch über die sprachlichen Formen reflektieren zu können.
- Ab sechs Jahren beginnen sie ihre impliziten Sprachinformationen ins explizite Sprachwissen umzuwandeln, indem sie sich spontan selbst korrigieren. Allerdings kann es dabei zu Fehlern im Sprachverhalten kommen. Beispiel: «Zwei Bären *tanzt* zusammen». Diese Abweichung kann damit zusammenhängen, dass die Kinder sprachformale Informationen, die sie hören, zunächst vernachlässigen.
- Erst in der dritten Entwicklungsstufe, die ab dem achten Lebensjahr einsetzt, können die Kinder bewusst über die Sprachphänomene reflektieren und diese ihrem Alter entsprechend erklären. Sie wissen intuitiv, dass man beispielsweise «Zwei Bären *tanzen* zusammen» sagt, weil es sich dabei um die Mehrzahlbildung handelt (Weinert/Grimm, 2012). Sie experimentieren auf kreative Weise mit sprachspezifischen Regeln und entdecken, dass sie zum Beispiel durch die Markierung bestimmter Wörter mit einem /s/ den Plural bilden können.

Die kreative Sprachbenutzung, in der sie ungewöhnliche Wortschöpfungen erfinden (Beispiel: Das Haus ist *gefeuert* statt *abgebrannt*), bildet gewissermassen den Übergang zur regelkonformen Sprachbenutzung. Bei solchen Meilensteinen ihres Sprachaufbaus sind die Kinder auf Sprechanlässe, Interaktionen mit Gleichaltrigen und Erwachsenen sowie auf die Rückmeldungen ihrer Umwelt angewiesen. Es ist naheliegend, dass sie ihre Sprachfreude aufrechterhalten, wenn die Lehrpersonen ihre sprachliche Vorbildfunktion bewusst pflegen, korrekte Sätze bilden, Äusserungen der Kinder wertschätzend aufgreifen und normgerecht wiederholen, statt zu sagen: «Falsch! Es heisst *tanzen*!». Förderlich ist auch, wenn die Kinder Lerngelegenheiten erhalten, in denen sie (z.B. anhand von Gegensatzpaaren) Silbenstrukturen ausdifferenzieren können.

Sprachkönnen umschliesst in dieser Alterskategorie die Fähigkeit der Kinder, sich mündlich, aber dem Alter entsprechend auch schriftlich mitzuteilen. Über mündliche Ausdruckskompetenzen verfügen die Kinder lange vor dem Eintritt in den Kindergarten. Ihre in der Regel dialektalen Sprechkompetenzen, die teilweise normabweichend gesprochen werden, entwickeln die Kinder schrittweise und erwerben dabei auch die normgerechte Standardsprache, die für alle ein besonderes Gewicht erhält und längerfristig zentral für den Sprach- und Schulerfolg ist.

Sprachbewusstsein[3] bezieht sich auf die Fähigkeit der Kinder, die Sprachphänomene bewusst zu gestalten und darüber nachzudenken (Steinig/Huneke, 2011). Dieses bewusste Nachdenken über die Sprache in variierenden und spielerischen Sprechsituationen im Kindergarten trägt dazu bei, dass die Kinder die Sprache immer kompetenter anwenden sowie mit dem Gehörten und Gesprochenen altersgemäss umgehen. Damit die Kinder bereits im Kindergarten auf eine höhere Stufe des Sprachbewusstseins kommen, brauchen sie freilich Anregungen, die ihnen eine bewusste Auseinandersetzung mit der gesprochenen Sprache ermöglichen.

Im Kindergarten steht nicht die formbezogene Sprachanalyse (Grammatik im engeren Sinn) im Mittelpunkt. Vielmehr geht es bei der Analyse um die Grammatik im weiteren Sinn, nämlich um Wörter und deren Bedeutungen, die in Sprechanlässen verwendet werden sowie darum, «kommunikative Kategorien zu den grammatischen in Beziehung [zu] setzen» (Menzel, 1999, 8).

Zwischenfazit: Beim Wort- und Satzaufbau geht es darum, die Wörter, aus denen Sätze bestehen, in einer geordneten Folge an bestimmte, vom Regelsystem der betreffenden Sprache definierte Positionen eines Satzes zu stellen. Während die Satzlehre (Syntax) die grammatischen Regeln für den Satzbau umfasst, geht es bei der Morphologie u.a. um die Flexion von Wörtern. Durch die Fähigkeit, Wörter zu Sätzen zusammenzustellen und Wörter zu beugen, erwerben die Kinder schrittweise die Kompetenz, Zusammenhänge und komplexe Sachverhalte

[3]Während der Oberbegriff «Sprachbewusstsein» im schulischen Kontext die Sensibilisierung der Kinder auf die Struktur der Lautsprache und somit die Zerlegung gesprochener Texte in linguistische Einheiten in den Blick nimmt, bezieht sich die phonologische Bewusstheit auf die Fähigkeit der Kinder, die Lautstruktur des gesprochenen Deutsch korrekt zu erfassen. Beides hängt zusammen; Sprachbewusstsein und phonologische Bewusstheit überschneiden und verstehen sich als eine Einheit, die es auf der Kindergarten-, Grund- und Basisstufe zu fördern gilt (Engler, 2007, 108)

auszudrücken. Kinder nichtdeutscher Erstsprache erlernen diese Sprachaspekte im Deutschen umso besser, je früher sie mit dem Erwerb derselben beginnen. Sprachreflexive Erfahrungen dieser Art sind auf der Eingangsstufe nützlich und sollten in Sprech- und Spielaktivitäten vorkommen (mehr dazu siehe Praxisteil in diesem Buch).

2.4 Kommunikation und Beachtung von Gesprächsregeln

Von Geburt an interagieren die Kinder mit ihren Bezugspersonen und lernen sehr früh, sich situationsbezogen zu äussern. Zudem lernen sie, mit Gefühlen und Bedürfnissen anderer Kinder umzugehen: Wenn ein anderes Kind weint, gehen sie es trösten. Durch die Interaktion mit den Eltern oder anderen Kindern erwerben sie narrative Kompetenzen und können zwischen den verschiedenen Sprachhandlungen unterscheiden, zum Beispiel bitten, aussagen, erlauben, versprechen (Mietzel, 2002).

In der frühen Kindheit durchlaufen die Kinder einige Phasen, bis ihre Kommunikation zur Sprache wird:

- Im letzten Quartal des ersten Lebensjahres beginnen sie zu gestikulieren, wenn sie beispielsweise einen Gegenstand wollen oder diesen in Richtung der Bezugsperson hochheben bzw. zeigen. Im Laufe dieser ersten Phase setzen die Kinder immer mehr die Zeigegeste ein, wenn sie kommunizieren.
- Zweijährige beginnen, ihre Absichten und Bedürfnisse sprachlich auszudrücken.
- In der dritten Phase, die gegen Ende des zweiten Lebensjahres beginnt, setzen die Kinder ihre Sprache ein und können bis zu zwanzig zusammenhängende Äusserungen produzieren. Beim Spielen mit Gleichaltrigen führen sie Gespräche und passen sich sprachlich dem Gesprächspartner an (Weinert/Grimm, 2012).

Dieser grob dargestellte Entwicklungsverlauf sprachlicher Fähigkeiten, der in der Tat viel komplexer ist, setzt sich im Kindergarten fort. In Spiel- und Sprachhandlungen verwenden die Kinder gezielt bestimmte Ausdrücke, um ein Erlebnis oder Ereignis zu schildern. Sie lernen, sich auf die Gesprächspartner einzustellen und tragen dabei zur Steuerung der Interaktion zwischen Sprecher und Hörer bei. Die Kinder verhalten sich in Dialogen weniger egozentrisch und berücksichtigen vermehrt die Perspektive des Gegenübers.

Damit verbunden lernen die Kindergartenkinder, Objekte, Erlebnisse oder Situationen sprachlich möglichst klar zu formulieren, damit die zuhörenden Gleichaltrigen beschriebene Objekte eindeutig identifizieren oder Situationen verstehen können. Charakteristisch ist hierbei der Bezug auf den Kontext der verwendeten sprachlichen Äusserungen. Ihre Dialog- und Erzählfähigkeit ist an bestimmte Regeln und Konventionen gebunden. Im Rollenspiel und anderen Dialogen variieren sie ihre Stimme. In Wechselgesprächen mit anderen Kindern oder Erwachsenen drücken sie Emotionen aus.

Später, mit rund zehn Jahren, erkennen sie, dass zum Beispiel die grammatische Zukunftsform (Futur) als Hinweis für ein Versprechen interpretiert werden kann (Weinert/Grimm, 2012).

Die Pragmatik sensibilisiert die Kinder zu erkennen, in *welchem* sozialen Zusammenhang *was* auf *welche* Weise zu *wem* gesagt werden kann, bzw. wie bestimmte Aussagen anderer zu interpretieren sind. Kinder mit guten pragmatisch-diskursiven Fähigkeiten können Sätze und Sachverhalte kompetent und angemessen in verschiedenen Kontexten verwenden. Es empfiehlt sich, die pragmatischen Kompetenzen der Kinder im Unterricht der Eingangsstufe gezielt zu fördern.

In diesem Zusammenhang kann ergänzt werden, dass eine gute, durch Akzeptanz, Offenheit und Interesse gekennzeichnete Beziehung zwischen dem Kind und der Lehrperson eine solide Basis für den Aufbau der Sprachkompetenzen der Eingangsstufenkinder bildet.

3 MEHRSPRACHIGKEIT AUF DER EINGANGSSTUFE

Derzeit werden weltweit mehr als sechstausend Sprachen aktiv verwendet (Roche, 2013). Selbst in Ländern mit nur einer gesetzlich verankerten Amtssprache sprechen die Leute im Alltag mehr als eine Sprache. Vor allem in urbanen Gebieten ist die aktive Anwendung verschiedener Sprachen verbreitet. In Städten wie Zürich oder Berlin hat über die Hälfte der Bevölkerung eine andere Muttersprache als Deutsch. Diese Sprachenvielfalt macht sich auch in der Schule bemerkbar. In manchen Grundschulen der Schweiz werden beispielsweise Kinder aus über dreissig verschiedenen (Migrations)Sprachen unterrichtet. Ein Teil der betreffenden Kinder lernt erst im Kindergarten Deutsch.

Die Eingangsstufe richtet sich vermehrt an sprachlich heterogenen Gruppen aus und reduziert die Mehrsprachigkeit nicht mehr auf den ergänzenden Unterricht für Migrantenkinder, sondern macht sie zu einem wichtigen Thema. Dieser Ansatz ist jedoch ausbaufähig, da die Mehrsprachigkeit mancherorts immer noch auf die Zweisprachigkeit reduziert wird, meist auf die Konstellation Deutsch-Englisch (Krumm, 2001).

Mehrsprachig aufwachsende Kinder können von Anfang an in mehreren Sprachen kommunizieren und Interferenzen (Beeinflussungen) weitgehend vermeiden, indem sie früh lernen, welche Sprache in welchen Situationen zu verwenden ist.

3.1 Formen der Mehrsprachigkeit

Im deutschsprachigen Raum werden verschiedene Formen der Mehrsprachigkeit benützt:

a) Kinder aus binationalen Ehen (z.B. Vater Schweizer, Mutter Portugiesin) folgen oft dem Prinzip «Eine Person, eine Sprache» und sprechen mit der Mutter Portugiesisch und mit dem Vater Schweizerdeutsch. Die Familiensprache ist Schweizerdeutsch. Es gibt auch Kinder aus nichtdeutschen binationalen Ehen (z.B. Vater Italiener, Mutter Russin), die ebenfalls obigem Prinzip folgen.

b) Kinder aus Ehen mit derselben nichtdeutschen Sprache (z.B. Kroatisch) sprechen zuhause Kroatisch und im Kindergarten oder auf dem Spielplatz Schweizerdeutsch und folgen dem Prinzip «Eine Sprache zuhause, eine Sprache draussen». Bei diesem Typus gibt es auch Eheleute, die untereinander ihre Herkunftssprache sprechen (z.B. Kroatisch), mit den Kindern jedoch Schweizerdeutsch.

c) Kinder, deren Eltern in zweisprachigen Regionen wie etwa im Kanton Freiburg leben und selber zweisprachig aufwuchsen, sprechen zuhause und ausserhalb des Hauses Deutsch und Französisch. Bei diesem Typus der Mehrsprachigkeit ist es durchaus möglich, dass zuhause noch eine dritte Sprache, d.h. eine Migrationssprache gesprochen wird. Wie flüssig ein Kind die eine oder andere Sprache spricht, hängt unter anderem davon ab, wie häufig und in welcher Qualität diese verwendet werden.

3.2 Kompetenzvielfalt mehrsprachiger Kinder

Ebenso vielfältig wie diese Formen sind die Kompetenzen der Kinder in ihren Sprachen. Es gibt Kinder, die in allen Sprachen ein ähnlich hohes Niveau aufrechterhalten können, weil sie ihre Sprachen bewusst pflegen. Parallel dazu gibt es Kinder, die beispielsweise bis Ende des Kindergartens ihre Erstsprache (z.B. Tigrinya) besser beherrschen, bei denen im Laufe der Schulzeit, zu der auch der Kindergarten gehört, jedoch die Umbebungssprache Deutsch dominiert resp. zur starken Sprache wird. Sobald diese mehrsprachig aufwachsenden Kinder ein paar Wochen in den Ferien bei den Verwandten in Eritrea verbringen, stellen sie gewissermassen wieder eine Sprachbalance her.

Ob der Spracherwerb mehrsprachiger Kinder gleich (symmetrisch) oder ungleich (asymmetrisch) abläuft, ob er der Standardvariante oder einer normabweichenden dialektalen Sprachvariante entspricht, hängt von verschiedenen Faktoren ab: Alter, Sprachbewusstheit der Bezugspersonen, Qualität und Häufigkeit des Sprachinputs in der Familie und im Kindergarten sind einige davon (Müller u.a., 2011).

Viele mehrsprachige Kinder der dritten Generation wurden im deutschsprachigen Raum geboren und kommen durch den Besuch einer Kindertagesstätte ab dem ersten Lebensjahr in Kontakt mit der Umgebungssprache Deutsch. Bei diesen Kindern kann erwartet werden, dass sie sowohl in ihren Familiensprachen als auch in Deutsch über muttersprachähnliche Kompetenzen verfügen. Der frühe Erwerb mehrerer Sprachen kann demnach zu einer gelungenen Mehrsprachigkeit führen (Cantone, 2016). Kinder, die erst im Kindergarten Deutsch lernen, können demgegenüber nur reduziert auf Strategien zurückgreifen, die ihnen beim Erwerb ihrer Erstsprachen zur Verfügung standen bzw. stehen. Sie müssen deshalb beim Erlernen des Deutschen auf Ersatzstrategien ausweichen, die stark vom Zusammenhang eines Inhalts abhängen (Albers, 2011).

Erfahrungsgemäss dauert es nur wenige Monate, bis fremdsprachige Kindergartenkinder über einen Grundwortschatz im Deutschen verfügen. Dabei ist es wichtig, dass das Kind in allen Sprachen, in denen es sozialisiert wird, gut unterstützt wird – so wächst es in einem sprachbewussten Umfeld auf. Diese Kinder lernen beeindruckend schnell Deutsch und unterscheiden sich am Ende des Kindergartens kaum von Kindern deutscher Erstsprache. Hingegen bleiben bei Kindern mit einem reduzierten Wortschatz in der Erstsprache und ohne Sprachanregung in der Familie am Ende des Kindergartens die Sprachkenntnisse in beiden Sprachen unterdurchschnittlich (Selimi, 2014).

3.2.1 Mehrsprachigkeit als Ressource

Im Kindergartenalter sind sich die Kinder des Nutzens ihres mehrsprachigen Potentials nicht bewusst, weil sie oft nur daran gemessen werden, wie gut sie Deutsch können. Wenn aber eine brachliegende Mehrsprachigkeit in der frühen Kindheit nicht als wichtige Ressource im Kindergartenalltag genutzt und gelebt wird, entwickelt sich jede Sprache dieser Kinder nur suboptimal. Durch eine aktive Unterstützung der Mehrsprachigkeit seitens der Erwachsenen im und ausserhalb des Kindergartens wird die positive Einstellung der Kinder gegenüber ihrer Mehrsprachigkeit gefördert. Zudem werden sie nicht als Mitglieder einer guten oder schlechten Sprache etikettiert und werden vertraut mit den verschiedenen Sprachnormen, Symbolen oder Zeichensystemen. Ebenso wichtig und nützlich für den Kompetenzaufbau in der Bildungssprache ist es, wenn die Eltern über die Vorteile der Mehrsprachigkeit informiert und zugleich ermuntert werden, die Mehrsprachigkeit zuhause zu leben.

Zusammenfassend bilden die sprachlichen und sozio-kulturellen Hintergründe der Kinder eine Diversität, die sichtbare und nicht fassbare Aspekte umschliesst, die von der Kleidung über Feste bis hin zu familiären Werten und Überzeugungen reichen. Hierbei ist es wichtig, dass nicht nur die sprachlich-kulturellen Werte der Mehrheit als Massstab verwendet werden, um zu bestimmen, was als 'normal' gilt. Im Gegenteil, die Lehrpersonen der Kindergarten-, Grund- und Basisstufe sollen mit solchen Massstäben kritisch umgehen und Stereotypen vermeiden – zumal die Kinder jede Bemerkung der Lehrperson ernst nehmen und Teil ihrer Peergroup sein wollen. Ausserdem können die Lehrpersonen die Kinder massgeblich beim Aufbau ihrer bildungssprachlichen Kompetenzen unterstützen, indem sie ihr eigenes Können didaktisch gekonnt und zugunsten der sprachlichen Entfaltung der Kinder vermitteln. Hierfür brauchen die Lehrpersonen der Eingangsstufe geeignetes Praxismaterial, das zum konkreten Aufbau der Bildungssprache beiträgt – dieses Buch mit zahlreichen Praxisvorschlägen verfolgt dieses Ziel.

Für die Unterstützung der Kinder in ihrer Erstsprache empfiehlt sich die Reihe «Didaktische Materialien für den Herkunftssprachlichen Unterricht» von Basil Schader, 2016 (siehe Literaturverzeichnis).

TEIL II:
DIDAKTISCHE ÜBERLEGUNGEN, LEHRPLAN 21, INSTRUMENTE

4 VERORTUNG DES LEHRPLANS 21[4] IM KINDERGARTEN

Den Unterricht lehrplangemäss vorzubereiten, ist fester Bestandteil jedes Lehrauftrags und zählt somit zu den zentralen Aufgaben jeder Lehrperson. Ebenfalls zum professionellen Anspruch gehört es, die zu behandelnden Inhalte didaktisch zu begründen und die Auseinandersetzung mit den Sachinhalten methodisch kindsgerecht zu strukturieren.
Bezogen auf den Lehrplan 21 sind folgende Fragen zentral für die Unterrichtsvorbereitung: Welche Kompetenzen sollen die Kinder entwickeln (sog. Output) und woran erkennt man den Kompetenzzuwachs? Damit diese Fragen beantwortet werden können, soll der Unterricht grundsätzlich vom Ende her konzipiert bzw. geplant werden. Dies bedeutet, dass die einzelnen Kompetenzen als Teil eines kumulativen Entwicklungsprozess betrachtet werden. Teil dieses Entwicklungsprozesses sind unter anderem die individuellen Voraussetzungen der Kinder, die Abstimmung der zu behandelnden Inhalte und deren Verknüpfung mit den Methoden, Strategien, Arbeitsformen usw. (Wullschleger/Bieri, 2014).
Eine «vom Ende her» konzipierte Unterrichtsvorbereitung betrachtet erstens jeden Unterricht (Sprache, Musik, Natur/Mensch/Gesellschaft, Gestalten, Sport und Bewegung, Mathematik usw.) als sprachbewussten Unterricht. Diese Konzipierung bestimmt zweitens bedeutsame Handlungsweisen, die bewusst und vertieft behandelt werden sollen. Drittens legt sie hinsichtlich der zu erreichenden Kompetenzen zentrale Fragestellungen, Lernsituationen oder Inhalte fest und schafft für die Kinder geeignete Lernsettings, innerhalb derer sie ihr Wissen, Können, Denken, ihre Interessen und Einstellungen gegenüber Lerninhalten kumulativ weiterentwickeln. Viertens schafft die Lehrperson für die Kinder eine Grundlage, die ihnen in ihrem Handeln Sicherheit und Orientierung gewährt. Damit verbunden schafft die Lehrperson zum einen Freiräume für die Kinder, zielgerichtet zu lernen und über den eigenen Lernzuwachs zu reflektieren. Zum

[4] Die deutschsprachigen Schweizer Kantone haben in Kooperation den Lehrplan 21 erarbeitet. Dieser ersetzt die bisherigen kantonalen Lehrpläne und stimmt weitgehend mit den Bildungsstandards in Deutschland und Österreich überein.

anderen setzt sie geeignete Instrumente ein, um den Kompetenzzuwachs der Kinder systematisch einzuschätzen. Die zu erreichenden Kompetenzen werden schrittweise aufgebaut und verlaufen dynamisch. Hinzu kommt, dass sich die Beurteilung auf tatsächlich behandelte Inhalte bezieht.

Grafisch kann der kumulative und kompetenzorientierte bildungssprachliche Unterricht wie folgt dargestellt werden:

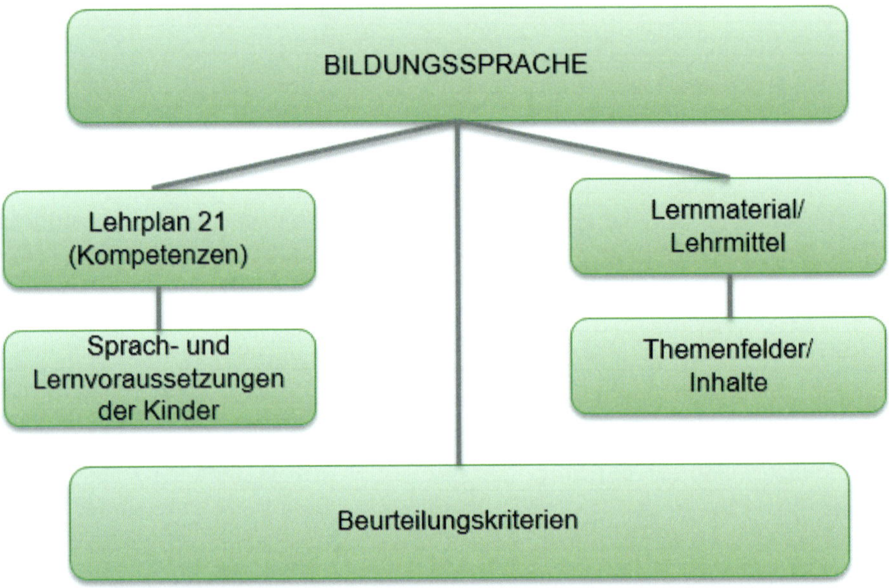

Abb. 1: «Vom Ende her gedachte» Realisierung eines kompetenzorientierten Unterrichts

Bezogen auf den ersten Zyklus, zu dem der Kindergarten sowie die Grund- und Basisstufe gehören, gibt der Lehrplan 21 Grundansprüche vor. Diese sollen mithilfe von geeigneten Lernangeboten und einer kriteriengeleiteten Einschätzung und Förderung der Kinder in der Bildungssprache erreicht werden.[5]

[5] Einzelne Deutschschweizer Kantone empfehlen für den Kindergarten Orientierungspunkte als Planungshilfe für den Unterricht. In einigen Kantonen sind Absprachen zwischen den Kindergartenlehrpersonen und denjenigen der 1. Klasse vorgesehen.

4.1 Fachdidaktische Aufarbeitung von Sprachinhalten gemäss Lehrplan 21

Eine kompetenzorientierte fachdidaktische Aufarbeitung bildungssprachlicher Inhalte auf der Eingangsstufe folgt freilich nicht einer möglichen didaktischen Reduktion, sondern der Konstruktion, ohne dabei das Alter der Kinder ausser Acht zu lassen. Die Kinder sollen demnach die Lerninhalte durch eine geeignete didaktische Strukturierung, die motivationale, emotionale und volitionale (vom Willen bestimmte) Elemente enthält, zusammenführen. Dadurch können sie ihre Denk- und Handlungsweisen mit Fachinhalten in Einklang bringen. Auf diese Weise entsteht eine Brücke, die überfachliche Kompetenzen der Kinder mit ihren Sachkompetenzen vereint und ihnen hilft, bildungssprachliche Inhalte zu verstehen, zu verarbeiten, wiederzugeben und im Langzeitgedächtnis zu speichern. Dies entspricht auch dem Lehrplan 21, gemäss dem die soziale Bezugsnorm, insbesondere aber die Sachbezugsnorm, verstärkt in den Vordergrund des Lernprozesses gerückt wird. «Dies ist eine Folge der Beschreibung des Kompetenzaufbaus in der Form von Könnensbeschreibungen» (D-EDK, 2015, 6).
Zu behandelnde Aspekte der Bildungssprache sowie didaktische Überlegungen dazu lassen sich beispielsweise in einem Mindmap strukturieren bzw. zusammentragen. Hier ein mögliches Beispiel:

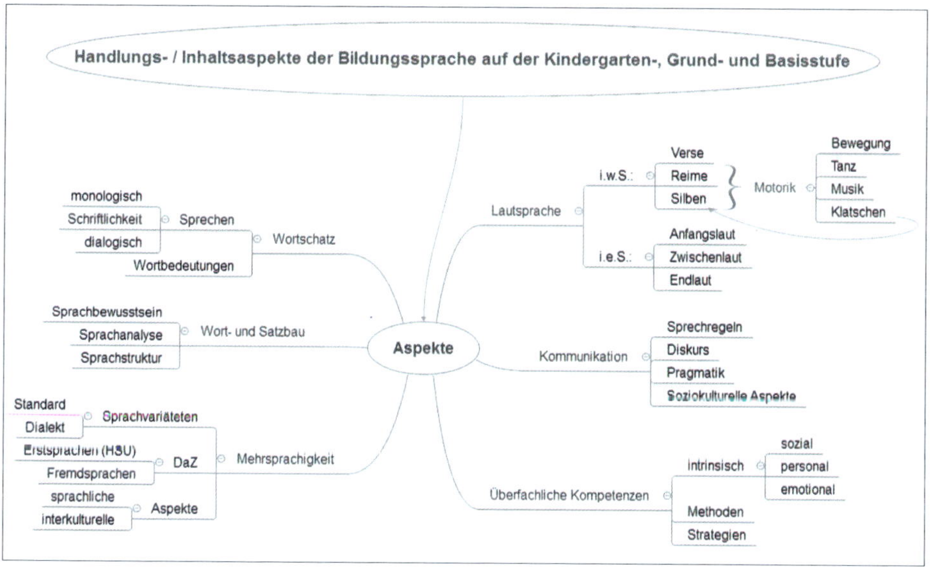

Abb. 2: Mindmap zur Strukturierung von bildungssprachlichen Inhaltsaspekten

4.2 Verortung der Bildungssprache im Lehrplan 21

Alle bislang skizzierten inhaltlichen Ebenen der Bildungssprache sind in den Lehrplan 21 eingebettet und werden innerhalb der Bereiche Hören, Sprechen,

Lesen, Schreiben, Sprachen im Fokus und Literatur im Fokus realisiert. Der Lehrplan 21 plädiert für einen bildungssprachbewussten Unterricht. Er stellt fachspezifisches Wissen und Können rund um die Bildungssprache in Form von Kompetenzen dar und verbindet diese mit den überfachlichen Kompetenzen (soziale, personale und methodische Fähigkeiten).

Im Kindergarten richtet die Förderung der Bildungssprache ihren Blick insbesondere auf die Mündlichkeit (Hören, Sprechen) und bereitet den Übergang zur Schriftlichkeit (Lesen, Schreiben, Literarisches) vor. Parallel zu den Sprachkompetenzen bauen die Kinder auch ihre überfachlichen Kompetenzen auf. Sie werden dazu befähigt, mit Sprache(n) situationsadäquat zu handeln sowie die Sprache(n) ästhetisch und kreativ zu verwenden.

Die Kompetenzen des Lehrplans 21 bilden einen Orientierungsrahmen und gehen davon aus, dass die Aneignung einer fächerübergreifenden Bildungssprache nicht linear, also von A nach B, sondern dynamisch und individuell verläuft. Das heisst, die Denk-, Sprach- und Lernprozesse sind komplex, individuell und erfordern eine gute Abstimmung der Lerninhalte mit den Voraussetzungen der Kinder, die ja auf der Kindergartenstufe unterschiedlich entwickelt sind. Hinzu kommt, dass sich Kompetenzniveaus nicht immer hierarchisch ordnen lassen. Ein Beispiel dafür sind soziale und interkulturelle Kompetenzen, «die sich nicht nach 'niedrig' oder 'hoch', sondern eher nach Kompetenzmustern abbilden lassen» (De Florio-Hansen, 2015, 77).

Somit berücksichtigt die kompetenzorientierte Planung und Realisierung der Bildungssprache gemäss Lehrplan 21 die Sprach- und Lernvoraussetzungen aller Kinder und trägt dazu bei, dass diese ihr lexikalisch-syntaktisches sowie sprachreflexives Repertoire mündlich und schriftlich auf andere Lernbereiche übertragen. Dabei erhalten sowohl sprachgewandte Kinder als auch Kinder mit limitierten Sprach- und Lernkompetenzen eine spezifische Unterstützung bei der Aneignung der Bildungssprache.

4.3 Kompetenzebenen gemäss Lehrplan 21

Gemäss Lehrplan 21 sollen die Kompetenzen der Kinder durch ihr Handeln (Performanz) sichtbar gemacht werden. Durch ihr sprachliches Handeln zeigen die Kinder, was sie wissen, und auch, wie sie ihr Wissen anwenden können. Allerdings ist es nicht einfach, das Sprachkönnen der Kinder kompetenzadäquat abzubilden, da es individuell ausgeprägt ist und es von vielzähligen Variablen abhängt (De Florio-Hansen, 2015).

Um dennoch kompetenzorientierte Leistungsrückmeldungen geben zu können, haben die Fachleute Kompetenzmodelle mit Merkmalen erarbeitet (z.B. Urfer-Schumacher, 2016), die verschieden genannt werden. Die gängigsten Ausdrücke hierzu sind: *Reproduktion* für die niedrigste Kompetenzstufe I, *Rekonstruktion* für die mittlere Kompetenzstufe II und *Konstruktion* für die höhere Kompetenzstufe III. Diese drei kompetenzbezogenen Termini werden zudem synonym als *Erinnern und wiedergeben, Verstehen und anwenden* und *Sachverhalte analysieren, verknüpfen und beurteilen* usw. bezeichnet.

Bezogen auf die Fachdidaktik Deutsch sind diese Ausdrücke jedoch zu allgemein und müssten unseres Erachtens durch sprachspezifische ersetzt werden. Hierbei kann die Diskurslinguistik helfen. Deshalb verwenden wir in Anlehnung an die Diskurslinguistik[6], insbesondere an das Modell der «**D**iskurslinguistischen **M**ehr-**E**benen-**A**nalyse DIMEAN» (Spitzmüller/Warnke, 2011, 201) die Ausdrücke *Wort-*, *Satz-* und *Textebene* als Konstrukt für die Beschreibung bildungssprachlicher Kompetenzen der Kinder. Auch wenn sich diese drei Termini in der Diskurslinguistik primär auf die Intertextualität und auf Analyseebenen beziehen, sind sie spezifisch für den Bereich Sprache und Spracherwerb und in adoptierter Form besser geeignet als die obigen Ausdrücke. Diese begriffliche Darstellung der Kompetenzstufen darf keineswegs kanonisiert werden und erhebt auch keinen Anspruch auf Vollständigkeit. Daher überlassen wir es der weiteren sprachdidaktischen Diskussion, ob und gegebenenfalls welche Anpassungen oder Weiterentwicklung diese Darstellung erfahren soll.

In der Diskursanalyse sind mündliche und schriftliche Aussagen diskursiv und textuell gebunden. Aussagen bzw. Produkte werden qualitativ analysiert. Die Bedeutung des Inhalts (das Semantische) steht im Fokus der Analyse. Nach diesem Prinzip und mit gewissen Anpassungen können unseres Erachtens die mündlichen und schriftlichen Kompetenzen der Grundschulkinder fach- und sachrichtig analysiert werden (siehe dazu Abschnitt 4.3.2 in diesem Buch).

In der nachstehenden Übersicht werden die Wort-, Satz- und Textebene mit einigen ihrer zentralen Merkmalen, die hier nur stichwortartig genannt werden, dargestellt.

[6] Die Diskurslinguistik befasst sich mit der Analyse mündlicher und schriftlicher Texte. Ziel ist es, durch die Auseinandersetzung mit Texten Erkenntnisse zu gesellschaftlich verbreitetem Wissen zu generieren. Im Kontext der Intertextualität bezeichnet der Begriff 'Diskurs (Mitteilung)' «eine Menge von inhaltlich zusammengehörenden Texten oder Äusserungen, die (...) ein intertextuelles 'Gespräch' in einer Kommunikationsgemeinschaft bilden» (Bussmann, 2008, 141). In der Diskurslinguistik wird Wissen durch Konstruktion, Argumentation und Distribution manifestiert: (a) Die Konstruktion von Wissen bedeutet die Herstellung von Fakten und Wahrheiten in regelgeleiteten Prozessen, die durch Wahrheitsansprüche sprachlich zum Ausdruck gebracht werden. (b) Die *Argumentation* von Wissensakteuren meint die Rechtfertigung bzw. Begründung oder Widerlegung sozial hergestellten Wissens durch Argumente. Es geht um die Legitimierung von Wahrheitsansprüchen. (c) Die Distribution von Wissen bezieht sich auf die Verbreitung/Streuung von Geltungsansprüchen durch Regulierung (Spitzmüller/Warnke, 2011, 46f.).

Wortebene umfasst… (Kompetenzstufe I)	… Mehrwort-Einheit … Einwort-Einheit	– Ad-hoc-Bildungen – Schlagwörter – Schlüsselwörter – Namen
Satzebene umfasst… (Kompetenzstufe II)	… Mikrostruktur: Satzinhalt	– Sprechakte – Annahmen – Syntaktische Muster – Rhetorische Mittel
Textebene umfasst… (Kompetenzstufe III)	…visuelle Textstruktur	– Text-Bild-Beziehungen – Typografie – Materialität
	…Makrostruktur: Textthema	– Themenentfaltung – Wiederkehr von Wörtern desselben Bedeutungs- und Erfahrungsbereichs (Isotopie)
	…Mesostruktur: Themen in Textteilen	– Textsorte – Textfunktionen

Abb. 3: Ebenen der mündlichen und schriftlichen Textanalyse (nach: Spitzmüller/ Warnke, 2011, 201)

Zwischenfazit: Wie die Kompetenzniveaus begrifflich genannt werden, ist zunächst einmal zweitrangig. Viel wichtiger scheint hierzu die Frage, wie wir die Bezüge zwischen den Lerninhalten auf der Kindergarten-, Grund- und Basisstufe so herstellen und Kindern die Verbindungen erklären, dass sie leichten Zugang zu den jeweiligen Kompetenzen erhalten und dabei ihre individuellen bildungssprachlichen Kompetenzen schrittweise ausweiten.

Im Kindergarten haben laut Lehrplan 21 die Sprachbereiche *Hören* und *Sprechen* einen besonders hohen Stellenwert. Die wichtigsten Eckpunkte dieser beiden Sprachbereiche sowie die drei obigen Kompetenzstufen dazu werden in den nachfolgenden Abschnitten exemplarisch und zusammenfassend dargestellt. Eine ausführliche Darstellung aller Kompetenzbereiche im Sinne des Lehrplans 21 findet sich in «Bildungssprache Deutsch und ihre Didaktik» von Selimi, 2016 (s. Literaturverzeichnis).

4.3.1 Kompetenzbereich Hören

Im Eingangsstufenalltag erweitern die Kinder ihre Hörkompetenz, indem sie aufmerksam und aktiv zuhören. Sie beachten die gesamte Kommunikationssituation, erfassen den Inhalt des Gehörten, verstehen das Gegenüber und reagieren mit Worten und Handlungen angemessen darauf. Zudem erwerben sie spezifische Zuhörstrategien, indem sie beispielsweise gehörte Informationen wiederholen und mit dem vorhandenen Wissen verbinden.

Wortebene (Kompetenzstufe I): Kinder, die sich auf der Wortebene bewegen, können Gehörtes bruchstückhaft verstehen und reproduzieren. Sie sind auf starke Entlastungshilfe durch die Lehrperson angewiesen. Wegen des geringen Wortschatzes und fehlender Strategiekompetenz können die Kinder auf dieser Kompetenzstufe ihre rezeptiven Mittel nur beschränkt verwenden.
Satzebene (Kompetenzstufe II): Auf dieser Ebene sind die Kinder in der Lage, gehörte Alltagsinhalte aus mündlichen Erzählungen Gleichaltriger, der Lehrperson oder Hörtexte aus Audiomedien weitgehend zu erschliessen. Sie verfügen über solide Wortschatzkompetenzen und Hörtechniken, sind jedoch in bestimmten Sachinhalten auf Erklärungen der Lehrperson angewiesen.

Textebene (Kompetenzstufe III): Eingangsstufenkinder, die sich auf dieser dritten Kompetenzebene bewegen, sind hörgewandt und in der Lage, ihrem Alter entsprechend auch längere Hörbeiträge aus einer Erzählung oder einem Vers zusammenhängend zu erschliessen und angemessen anzuwenden. Sie setzen dabei auch ihre Konzentrationsstrategien ein.

4.3.2 Kompetenzbereich Sprechen

Die Kinder erzählen von ihren Erlebnissen in und ausserhalb des Kindergartens oder stellen bestimmte Sachverhalte aus dem Eingangsstufenalltag dar. Sie lernen, in Gesprächen ihre eigene Meinung einzubringen und ihrem Alter entsprechend auf die Meinung der anderen zu reagieren. Um möglichst unterschiedliche kommunikative Situationen bewältigen zu können, wenden sie sprachliche und nichtsprachliche Strategien wie Mimik, Gestik und Betonung an oder wiederholen bereits Gesagtes.

Wortebene (Kompetenzstufe I): Kinder, die sich auf der Wortebene bewegen, können bruchstückhaft erzählen und vortragen. Sie wiedergeben meistens das, was die Lehrperson oder andere Kinder gesagt haben. Das Erzählte erfordert mehrfaches Nachfragen und viel Interpretationsleistung durch die zuhörende Person. Mangels Wortschatz- und Strategiekompetenz können die Kinder auf dieser Kompetenzebene ihre verbalen und nonverbalen Mittel nur beschränkt einsetzen und sind stark auf die Hilfe der Lehrperson angewiesen.

Satzebene (Kompetenzstufe II): Auf dieser Ebene sind die Kinder in der Lage, Inhalte aus gehörten Erzählungen oder betrachteten Bilderbüchern weitgehend wiederzugeben (zu rekonstruieren) und dabei auch parasprachliche und körpersprachliche Mittel wie Gestik oder Mimik kompetent einzusetzen. Sie kommunizieren teils mittels eines variierten Wortschatzes, stützen sich jedoch immer noch auf bekannte Wortschemata. Auch ihre Aussprache ist (unter anderem altersbedingt) nicht immer klar und erfordert teilweise Verständigungsfragen durch die Lehrperson.

Textebene (Kompetenzstufe III): Kinder, die sich auf dieser Kompetenzebene bewegen, sind sprechgewandt und in der Lage, ihrem Alter entsprechend längere Sprechinhalte zu konstruieren, d.h. sie stellen Bezüge zwischen dem gerade Erzählten und ihrem Wissen her. Auf dieser Kompetenzstufe kombinieren die Kinder verbale und nonverbale Sprachelemente in einer guten Aussprache.

5 EINSCHÄTZUNG DER SPRACHFORTSCHRITTE

5.1 Einschätzungsformen

Eine kompetenzorientierte Einschätzung soll gemäss Lehrplan 21 ganzheitlich erfolgen (D-EDK, 2015). Im schulischen Kontext wird zwischen der formativen, summativen und prognostischen Beurteilung unterschieden:

- **Formative Einschätzung.** Diese prozessgestützte Einschätzungsform bezieht sich auf kompetenzaufbauende Rückmeldungen zu den individuellen Sprach- und Lernfortschritten eines Kindes. Hierbei werden verschiedene Informationsquellen hinsichtlich der fachlichen und überfachlichen Kompetenzen berücksichtigt. Ziel der formativen Rückmeldungen ist es, die Kinder über ihre Stärken zu informieren und sie darin zu unterstützen sowie mögliche bildungssprachliche Schwächen in Stärken umzuwandeln. Im Kindergarten finden die formativen Rückmeldungen in der Regel mündlich statt. Die Lehrperson kann ihre Beobachtungen jedoch schriftlich in Notizen oder in einem Beobachtungsbogen festhalten. Sogenannte Lernreisebücher oder Forscherhefte, in denen die Kinder zeichnen, Smileys setzen können usw., sind ebenfalls ein gutes Instrument, das ihnen ermöglicht, ihren Lernprozess zu dokumentieren.
- **Summative Einschätzung.** Diese Form stellt eine Art Bilanz bzw. Überprüfung erreichter Zielsetzungen dar. Sie berücksichtigt Aspekte der formativen Einschätzung und weist das Erreichte im Zeugnis aus. Im Kindergarten ist die summative Einschätzung insofern zweitrangig als Kindergartenkinder kein Notenzeugnis erhalten. Die erzielten bildungssprachlichen Fortschritte, die auf transparent definierten Einschätzungskriterien fussen, werden eher in Form eines Berichts den Kindern und ihren Eltern bzw. Erziehungsberechtigten mitgeteilt. Beispielsweise wird im Bericht transparent dargestellt, *welche* bildungssprachlich relevanten Aspekte *wie* mit den Kindern behandelt und *auf welche* Weise die Kinder in ihren bildungssprachlichen Fortschritte begleitet, unterstützt und eingeschätzt wurden.
- **Prognostische Einschätzung.** Diese Form dient dem Laufbahnentscheid und ist vor allem in den höheren Schulstufen relevant. Im Kindergarten kann

sie Auskunft darüber geben, ob ein Kind beispielsweise in die erste Klasse übertreten und ob es spezifisch gefördert werden soll. Der Entscheid berücksichtigt Elemente der formativen, aber auch der summativen Einschätzung und legt die Art der weiteren Förderung fest, sofern eine solche angezeigt ist. Auch diese Form hat zum Ziel, den (Sprach)Lernprozess und die individuelle Entwicklung der Persönlichkeit jedes Kindes zu stärken.

Die Lehrpersonen schätzen die Sprachfortschritte der Kinder im Eingangsstufenalltag ein, auch wenn dies zum Teil meist intuitiv geschieht. Sie sammeln Informationen über den Sprach- und Entwicklungsstand der Kinder, werten diese aus und leiten daraus individuelle Förderplanungen ab. Diese Daten kommunizieren sie den Eltern oder anderen Fachleuten, die ebenfalls mit den Kindern zusammenarbeiten. Daraus folgt, dass all diese Handlungsschritte Elemente einer formativen, summativen und prognostischen Einschätzung einschliessen. Ziel der Lehrpersonen ist es, den Sprachfortschritt der Kinder prozessorientiert darzustellen und die Kinder mit all ihren Sprachstärken und Spielinteressen in den Vordergrund zu rücken.

5.2 Notwendigkeit einer bildungssprachlichen Einschätzung

Als Ergebnis der öffentlichen Diskussionen der letzten Jahre im Zusammenhang mit der Sprachförderung auf allen Altersstufen sind verschiedene Verfahren zur niederschwelligen, informellen Einschätzung sowie standardisierte Instrumente zur Erhebung des Sprachstandes erarbeitet worden. Diese Verfahren finden als Einzeltests oder Sprachscreening mit allen Kindern statt.

Erfahrungen in der Praxis weisen auf die Vorteile validierter Verfahren hin, wenn es um die Einschätzung des Sprachstandes der Kinder geht. Dazu zählen Lerntagebücher, Portfolios, Selbsteinschätzungen usw. Die Lehrpersonen können die Ergebnisse solcher Instrumente mit den eigenen Beobachtungen vergleichen und dadurch eine solide subjektive Gesamteinschätzung erreichen.

Diese Verfahren, die subjektiv ausgerichtet und begründet sind, weisen jedoch auch Einschränkungen auf, weil damit nur bestimmte Sprachaspekte eingeschätzt werden, wie zum Beispiel die Schlüsselwörter im Sprachverstehen. Die Ergebnisse einer subjektiven Einschätzung der Sprachkompetenzen eines Kindes, die nicht empiriegestützt sind und deshalb eine reduzierte Aussagekraft haben, so darzustellen, als ob sie eine solide Grundlage für die Beurteilung der gesamten bildungssprachlichen Kompetenz eines Kindes bilden würden, ist problematisch und könnte vor allem für sprachlich und sozial unterprivilegierte Kinder stigmatisierende Effekte haben. Ein weiterer Kritikpunkt bezieht sich auf den Bezug solcher Verfahren auf die Regeln des einsprachigen Spracherwerbs und die mangelnde Berücksichtigung der Sprachsituation mehrsprachiger Kinder.

Nachsprechen von Fantasiewörtern, künstliche Testsituationen oder ungeeignete Testmaterialien, fehlende Anknüpfungspunkte für die Umsetzung einer konkreten Förderung, knappe Zeitressourcen für die Testdurchführung sind weitere Kritikpunkte im Zusammenhang mit dem Einsatz von standardisierten Einschätzungsinstrumenten. Vermisst wird zudem die Erhebung der Sprech- und Erzählkompetenz, die dem Kommunikationsbedürfnis der Eingangsstufenkinder Rechnung trägt.

Aus der skizzierten Situation kann Folgendes abgeleitet werden: Zur informellen und kontextbezogenen Sammlung von Informationen im Alltag kann zum Beispiel der Einsatz eines Beobachtungsbogens in beliebigen Zeitabständen durchaus genügen. Will die Lehrperson hingegen sprachliche Kompetenzen eines Kindes in Bereichen der Bildungssprache, die später in der Schule besonders wichtig sind, datenbasiert erheben, muss sie ein normiertes Instrument einsetzen. Validierte Instrumente für die Einschätzung der Sprachfähigkeiten (z.B. *Sprachgewandt*, siehe Abschnitt 5.4.2) dienen unter anderem dazu, Kinder mit Unterstützungsbedarf zu identifizieren und ihnen jene Sprachförderung anzubieten, die sie tatsächlich brauchen. Aufgrund der Einschätzungsergebnisse wird ein individuelles Förderprofil festgelegt.

Hierbei ist es wichtig, aber auch notwendig, die Einschätzung mit der Förderplanung abzustimmen. Damit verbunden ist es unabdingbar, die konkrete Förderung der Bildungssprache auf der Grundlage einer gut dokumentierten und ergebnisgestützten Förderplanung professionell im Eingangsstufenalltag umzusetzen. Dies kann gelingen, indem Lehrpersonen Fördermaterialien zur Verfügung stehen, mit deren Hilfe sie authentisch und kompetent die Kinder sprachlich unterstützen können.

Um zu identifizieren, welche Kinder welche Sprachförderung brauchen, sind zweifellos sprachpädagogische Erfahrungen der Lehrperson, informelle Beobachtungsbögen und differenzierte Instrumente zur Erhebung des Sprachstandes als ergänzende Elemente einer breiten Einschätzung der Sprachkompetenz notwendig. Ebenso wichtig sind deren sachrichtiger Einsatz und die Abstimmung der Ergebnisse mit der darauffolgenden Sprachförderung. Zielführend ist zudem im Hinblick auf sprachauffällige Kinder mit Sprachtherapiebedarf eine enge Kooperation der Lehrpersonen mit Fachpersonen der Logopädie und der schulischen Heilpädagogik, wo möglich auch mit Lehrpersonen des herkunftssprachlichen Unterrichts (HSU).

5.3 Dreischrittverfahren der bildungssprachlichen Einschätzung

Die sprachlich-pädagogische Einschätzung im Kindergarten folgt grob dem Dreischrittverfahren *Beobachtung, Einschätzung* und *Förderung (= BEF)*.

- **Strukturierte Beobachtung (B):** Die Lehrperson beobachtet zunächst über mehrere Wochen hinweg (z.B. sechs bis acht Wochen) das Sprech- und Lernverhalten der Kinder. Was können sie schon? Wo liegen ihre Stärken? Welche Mankos fallen auf? Hierfür zieht sie die eigene Erfahrung sowie einen Beobachtungsbogen bei. Diese Phase soll helfen, sich ein Bild über den momentanen Stand zu verschaffen und erste Hinweise für eine mögliche Förderung zu erhalten. Die beobachteten Aspekte der Bildungssprache und des Lernverhaltens hält die Lehrperson in eigenen Handnotizen sowie im Beobachtungsbogen fest.

- **Gezielte Einschätzung (E):** In dieser Phase dokumentiert die Lehrperson die Ergebnisse einer gezielten Einschätzung und legt die angezeigten Förderbedürfnisse fest. Die Einschätzung ist eine Fortsetzung der Beobachtungsphase und dient der Entwicklung eines individuellen Förderkonzepts bzw. einer Förderplanung. Hierbei wird sich zeigen, dass die Kinder einen unterschiedlichen Förderbedarf haben: einige in der Lautsprache und/oder im Wortschatz, andere in den metasprachlichen Fähigkeiten, wiederum andere im pragmatisch-diskursiven Bereich – d.h., sich situationsadäquat auszudrücken und eine beabsichtigte Aussage sprachlich kompetent zu formulieren. Solch einem heterogenen Förderbedarf trägt die Lehrperson Rechnung, indem sie die Förderung so plant, dass diese nicht nur ein einziges Kind in den Blick nimmt – dies würde aus Zeitgründen den Rahmen sprengen –, sondern eine Gruppe, die halbe oder ganze Klasse. Diese breit angelegte und integrativ gedachte Förderplanung ist effizient und vor allem realistisch, deshalb ist sie zu bevorzugen. Und diese Förderung lässt sich gut kompetenzorientiert bzw. binnendifferenziert planen und durchführen.
- **Individuelle Förderung (F):** In dieser dritten und somit letzten Phase wird der zusammengestellte Plan einer individuellen Förderung in der Bildungssprache umgesetzt und evaluiert.

5.4 Instrumente zur Einschätzung bildungssprachlicher Kompetenzen

Sprachdiagnostisch bewusste Lehrpersonen halten ihre Beobachtungen im Hinblick auf eine umfassende Einschätzung des Sprachstandes im Notizheft oder auf dem Computer fest oder sammeln diese in einer Mappe. Stellt die Lehrperson beispielsweise bei einem Kind einen besonderen Fortschritt bei der Aneignung von Präpositionen oder in der Erzählkompetenz fest, notiert sie dies. Fällt ihr auf, dass ein Kind bestimmte Laute noch nicht aussprechen kann, notiert sie dies ebenfalls. Auch die Hinweise der Eltern zum Sprachverhalten, den Vorlieben und Interessen ihres Kindes sind wertvoll für die Gesamteinschätzung. Entdeckt beispielsweise die Lehrperson die Vorlieben (Präferenzen) eines Kin-des und thematisiert diese mit dem betroffenen Kind, kann sie feststellen, dass das Kind fähig ist, seine Interessen sprachlich kompetent und in hochstehender Qualität zu äussern. Dasselbe Kind könnte jedoch bei einem Sprachtest unter-durchschnittlich sein, weil die Testkonzeption nicht seinen Voraussetzungen und Interessen entspricht. Weichere Faktoren wie etwa der emotionale Bezug eines Kindes zu seinen Spielkameraden oder zur Lehrperson kann sich ebenfalls positiv auf die Interaktionsqualität auswirken (Albers, 2011; mehr zu den personalen, sozialen und methodischen Kompetenzen, die im Lehrplan 21 als überfachliche Kompetenzen bezeichnet sind, siehe D-EDK, 2015, 13).

5.4.1 Instrumente zur niederschwelligen Einschätzung der Sprachprogression

Zur niederschwelligen und prozessorientierten Einschätzung spezifischer sprachlicher und sozialer Aspekte kann die Lehrperson einen Beobachtungsbogen bzw. Raster mit entsprechenden Beobachtungspunkten heranziehen: Zur Einschätzung des Wortschatzes und der phonologischen Bewusstheit kann z.B. der Einschätzungsraster weiter unten in diesem Abschnitt (s. auch Kopiervorlage im Anhang) oder das Onlinetool *KiDiT* (www.kidit.ch) verwendet werden.

Im nachstehenden Raster wird bewusst nicht auf alle relevanten Inhaltsebenen der Bildungssprache eingegangen, weil im Fokus dieses Buches die phonologische Bewusstheit und der Wortschatz stehen. Deshalb beschränkt sich der Raster auf diese beiden inhaltlichen Ebenen der Bildungssprache (Hinweis: Raster zur Einschätzung der Sprachkompetenzen in Hören, Sprechen, Lesen und Schreiben von Schulkindern finden sich im Buch «Bildungssprache Deutsch und ihre Didaktik» von Selimi, 2016 (s. Literaturverzeichnis)).

Raster zur Einschätzung des Wortschatzes und der Lautsprache					
NAME:		DATUM:			
					Legende: 1 Krone = Wortebene 2 Kronen = Satzebene 3 Kronen = Textebene
		1 Krone	2 Kronen	3 Kronen	Notiz
WORTSCHATZ	Das Kind...				
	verfügt über einen altersgemässen rezeptiven und produktiven Wortschatz				
	kann Erlebnisse in gutem Sprechfluss erzählen				
	kann Erlebnisse aus dem Alltag in vollständigen Sätzen formulieren				
	kann Lerninhalte und gehörte Geschichten weitererzählen bzw. wiedergeben, verstehen und anwenden (reproduzieren, rekonstruieren und konstruieren)				

WORTSCHATZ	kennt Unterbegriffe (z.B. Zucchetti, Tomaten) und Oberbegriffe (z.B. Gemüse) kontextbezogen				
	kann Begriffe der Raumlagebeziehung (z.B. rechts, oben, auf) eigenständig anwenden				
	erkennt Zeitbegriffe (z.B. gestern, heute, morgen) und verwendet diese angemessen				
	kann auf Handlungsanfragen angemessen reagieren				
	kann längere Sätze, z.B. aus fünf und mehr Wörtern, verstehen und produzieren				
	kann Wörter aus verschiedenen Wortarten (Nomen, Verben, Adjektive, Adverben) altersgemäss anwenden				
	kann Wortbedeutungen kurzer Texte aus dem Eingangsstufenalltag erschliessen und erklären				
	kann Schlüsselwörter in einem Satz erkennen und benennen				
	kann sich in Dialekt und/oder Standardsprache angemessen ausdrücken (z.B. im Rollenspiel Standarddeutsch, beim Berichten Dialekt)				
	kann (falls mehrsprachig) von einer in die andere Sprache wechseln, ohne die Sprachen zu vermischen (es spricht z.B. Deutsch mit der Lehrperson, Arabisch mit den Eltern)				
					Notiz
LAUTSPRACHE	Das Kind...				
	erkennt (sofern die Erstsprache Deutsch ist) alle Vokale (a, e, o,...) als Anlaute				
	erkennt (sofern L1 Deutsch ist) alle Konsonanten als Anlaute (l, r, p, b, s,...)				
	kann Laute eines Wortes verbinden (z.B. T-ü-r zu Tür)				
	kann Wörter reimen (z.B. Hose-Rose, Maus-Haus)				
	kann Wörter in Silben klatschen (z.B. Ho-se, Kro-ko-dil)				
	kann mit ein- und mehrsilbigen Wörtern altersgemäss und angemessen umgehen				

5.4.2 Normierte Instrumente zur Erhebung des Sprachstandes

Bestätigen sich die Beobachtungen der Lehrperson und weist die Einschätzung mit einem Beobachtungsbogen auf weitere Sprachstärken oder Sprachdefizite hin, erhebt die Lehrperson den Sprachstand des betreffenden Kindes mit einem validierten und standardisierten Instrumentarium, zum Beispiel mit *Sprachgewandt*. Mit diesem Instrument können die Kompetenzen in den Bereichen *Wortschatz (Nomen, Verben, Adjektive), Präpositionen, Sätze nachsprechen und verstehen* sowie *sprachliche Routinen verstehen* erhoben werden (Bayer/Moser, 2013).

Die Einschätzungsinstrumente dienen der Lehrperson als Arbeitswerkzeug, wie die Fördermaterialien auch. Sie ist sich der Einschränkungen solcher Werkzeuge bewusst, setzt dieselben sachrichtig und umsichtig ein und weiss, dass die bildungssprachliche Kompetenz eines Kindes nicht auf die Aussagekraft dieser Werkzeuge reduzieren werden darf.

Alle gesammelten Sprachdaten wertet die Lehrperson aus und definiert die Sprachförderung aufgrund der Besonderheiten, die sich aus dem zusammengetragenen Datenmaterial ergeben. Aussergewöhnlich gute Darstellungen einer Kurzgeschichte anhand von Kärtchen und ein guter Wortschatz können beispielsweise auf die Notwendigkeit einer Begabtenförderung hinweisen. Weggelassene oder normabweichend verwendete Präpositionen oder fehlendes Erkennen bestimmter Laute oder Lautkombinationen deuten auf eine notwendige Förderung dieser vorhandenen Sprachlücken hin usw. Liegen klare Hinweise für eine Begabtenförderung oder eine Sprachtherapie vor, bespricht die Lehrperson dies mit den Eltern, den Fachpersonen der schulischen Heilpädagogik und der Logopädie. Daraufhin folgt die konkrete Umsetzung der gemeinsam definierten Sprachförderung (siehe dazu Abschnitt 5.5 in diesem Buch).

An dieser Stelle sei darauf hingewiesen, dass geringe oder fehlende Deutschkenntnisse eines Eingangsstufenkindes nicht verfrüht mit allgemeinen sprachlichen Defiziten bzw. Sprachstörungen gleichgesetzt werden sollen. Es gibt z.B. Kinder aus Migrantenfamilien, die über solide Fähigkeiten in der Bildungssprache ihrer Herkunftskultur verfügen, jedoch wegen des noch nicht vorhandenen Wortschatzes im Deutschen nicht unter Beweis stellen können, dass sie lexikalisch-semantische oder grammatikalisch anspruchsvolle Inhalte erschliessen können – in der Erstsprache hingegen sehr wohl. Demzufolge muss die sprachliche Situation jedes Kindes berücksichtigt werden. Kinder, die ohne oder mit geringem Deutsch in den Kindergarten kommen, sollen zuerst Zeit erhalten, den Grundwortschatz des Deutschen zu erwerben. Erst danach kann der Sprachstand eingeschätzt werden.

Allein dieser Hinweis zeigt, wie wichtig eine differenzierte und umsichtige Identifizierung der spezifischen Sprachstärken und möglichen Sprachmankos durch die Lehrpersonen ist. Nur dann kann eine treffende und wirksame Förderung konzipiert und zielführend durchgeführt werden.

Die bildungssprachliche Kompetenz der Eingangsstufenkinder in Relation zu ihrem Alter zu setzen und einzuschätzen, ist ein weiterer wesentlicher Punkt. Nicht ausser Acht zu lassen ist zudem die Tatsache, dass die Bildungssprache mehrere inhaltliche Ebenen (s. Kapitel 2 in diesem Buch) enthält, die bei einer umfassenden Einschätzung ebenfalls berücksichtigt werden sollen. Weitere zentrale Aspekte der kindlichen Entwicklung wie etwa Wahrnehmung, Motorik, soziale Fähigkeiten, emotionale Kompetenz, Merk- bzw. Denkfähigkeit kommen hinzu.

5.5 Förderung der Kinder in der Bildungssprache

Sowohl situierte als auch situative[8] Fördersituationen (z.B. ein Bilderbuch besprechen, Verse aufsagen, Reime klatschen) sind zentrale Elemente einer gezielten Förderung der Kinder in der Bildungssprache. Hierbei richtet die bildungssprachliche Förderung den Blick auf folgende Bereiche: Lautsprache, Wortschatz und -bedeutungen, Regeln der Wort- und Satzbildung (Grammatik), sprachliche Kommunikation und soziales Sprachhandeln (Pragmatik), früher Umgang mit der Schrift (Literalität) usw. Diese explizite bildungssprachliche Förderung wird implizit durch Aspekte der Alltagssprache ergänzt. Demzufolge bilden die explizite Förderung der Kinder in der Bildungssprache (cognitive academic language proficiency CALP) und deren implizite Förderung in der Alltagssprache (basic interpersonal communication skills BICS) eine Einheit und ergänzen sich. Beispielsweise greift die Lehrperson komplexe bildungssprachlich relevante Wörter oder grammatische Strukturen, die in einer konkreten situationsorientierten Sequenz vorkommen, auf und gestaltet damit eine kurze bildungssprachliche Sequenz. Beispiele:

- **Dialoge:** Bildungssprachbewusste Dialoge auf der Eingangsstufe beschränken sich nicht darauf, «Kinder nur erzählen zu lassen und ihren Redefluss zu bestätigen. Es geht darum, die Kinder zum Denken anzuregen, Gedanken im Gespräch zu entwickeln, auf Erweiterungen einzugehen und Überlegungen aufzustellen» (Vogt/Zumwald, 2015, 43f.).
- **Wortschatz:** Jede Situation und Sequenz auf der Eingangsstufe lässt sich als Chance zur Förderung der Kinder in ihrem rezeptiven und produktiven Wortschatzaufbau nutzen. Hier ist allerdings zu beachten, dass die Kinder Gelegenheit erhalten, neu erworbene Wörter in verschiedenen Übungsformen spielerisch zu erarbeiten (z.B. die Mehrdeutigkeit der Wörter zu erkennen), diese im Langzeitspeicher zu festigen und beliebig abzurufen. Die Wortschatzsequenzen sollen Kindern zudem ermöglichen, unterschiedliche Wortarten, also

[8]Situierte Sprachförderung: Fähigkeit, Sprachförderanlässe aus dem Moment heraus und in Kooperation mit den Kindern strukturiert zu entwickeln. Situative Sprachförderung: Sprachförderung durch beiläufiges Thematisieren in Alltagssituationen, beispielsweise beim Singen eines Liedes oder bei Sprachspielen (Selimi, 2016).

sowohl Inhaltswörter wie etwa Nomen, Verben, Adjektive als auch Funktionswörter wie etwa Präpositionen, Artikel oder Zahlwörter zu verwenden. Alltags- und Fachwörter (Sicht- und Fachvokabular), der Einsatz von Körpersprache (Mimik, Gestik) kommen hinzu. Am besten entwickeln die Kinder dieser Altersstufe ihren Wortschatz, wenn sie anhand von konkreten Objekten und sowohl in situierten als auch in situativen Zusammenhängen im Spiel lernen. Dabei können sie bereits bekannte Wörter mit neu zu lernenden Wörtern verknüpfen. Sie können also Beziehungen zu ähnlichen und verwandten Wörtern aus derselben Wortfamilie oder demselben Wortfeld herstellen (Apeltauer, 2006). Damit verbunden sollen die Kinder die erworbenen Wörter in verschiedenen Sprechanlässen und im eigenaktiven Sprechen in zusammenhängenden Sätzen verwenden. Die Sprechanteile sollten zudem sowohl gewandten 'Dauerrednern' als auch beharrlichen 'Schweigern' Gelegenheit bieten, sich aktiv und kontextadäquat mitzuteilen. Bilderbücher, die durch die Lehrperson vorgelesen und anschliessend gemeinsam besprochen werden, sind eine weitere Form, die zum fantasievollen und kreativen Sprechen beitragen kann. Bei solchen Vorlese- und Erörterungssequenzen erweitern die Kinder ihren rezeptiven und produktiven Wortschatz, aber auch ihre pragmatische Kompetenz. Zeitgleich lernen sie, aufmerksam zuzuhören, entwickeln eigene Bilder im mentalen Lexikon und können sich anschliessend kommunikativ austauschen. Dadurch festigen sie wiederum zusammen mit ihrer Wortschatzkompetenz auch ihr Fachwissen. Der kommunikative Austausch muss freilich genügend Raum erhalten, damit die Kinder im Spiel miteinander reden, über Wortbedeutungen diskutieren und ihre sprachliche Kreativität ausbauen können. Letzteres bezieht sich vorwiegend auf kognitive und sozial-emotionale Fähigkeiten und umfasst folgende Elemente:

- **Flüssigkeit:** Die Lehrperson oder ein Kind gibt beispielsweise den ersten Buchstaben bzw. Laut eines Tiernamens vor, während andere Kinder möglichst viele Namen mit diesem Laut finden. Oder sie bilden Sätze anhand vorgegebener Laute, z.B.: **Der Bär geht spazieren.** Oder sie denken sich z.B. eine Tiergeschichte aus und erzählen diese möglichst flüssig. Flüssigkeit meint hier die Ideenmenge und deren sprachliche Umsetzung.
- **Ausdifferenzierung:** Die Kinder stellen beispielsweise etwas pantomimisch dar und tun dies ihrem Alter entsprechend möglichst elaboriert.
- **Originalität:** Die Art und Weise, wie die Kinder z.B. ein neu gelerntes Wort mit den vorangehenden oder nachfolgenden verbinden, enthält neue Gedanken, die gegebenenfalls unüblich und originell sind. Unter 'unüblich' ist hier nicht gemeint, dass jeder 'Unfug'

dem Originalitätsaspekt zugeschrieben wird. Im Gegenteil, die Kinder befassen sich mit dem Thema und kennen den Rahmen, der ihnen angstfreie Sprechräume für 'originelle' Sprechanlässe gewährt, zugleich aber auch klar kommunizierte und für die Kinder nachvollziehbare Grenzen setzt.

- **Aufgabenlösung:** Die Lehrperson erteilt einen Auftrag, erklärt den Kindern das Ziel der Aufgabe und lässt sie auf kreative Weise und in verschiedenen Lernsettings durch vielfältige Arbeitsweisen zu diesem Ziel gelangen. Es können herkömmliche, aber auch unkonventionelle Lösungswege sein, welche die Kinder einschlagen. Die Denkprozesse sollen die Kinder selbst bestimmen, aber bei Bedarf auch die Hilfe der Lehrperson holen können.

Diese Vorgehensweise bei der Förderung der Kinder in der Bildungssprache stimmt auch mit dem im Lehrplan 21 beschriebenen kompetenzorientierten Sprachlernen überein, gemäss dem eine Förderung der Kinder in homogenen und heterogenen kleineren oder grösseren Gruppen ermöglicht werden soll. Hierzu ist anzumerken, dass beide Vorgehensweisen Vorteile haben: In heterogen zusammengesetzten Gruppen können die Kinder voneinander profitieren; in homogenen Gruppen können sie ihrem Tempo und Leistungsniveau entsprechend lernen.

5.5.1 Integrierte versus separierte Förderung der Eingangsstufenkinder

Was die Frage einer integrierten oder separierten Sprachförderung einzelner Kinder ohne oder mit sehr geringen Deutschkompetenzen betrifft, empfiehlt sich die in den Gruppenalltag eingebundene Form (additive Sprachförderung). Dafür spricht z.B. die Tatsache, dass Kinder, die z.B. Deutsch als Zweitsprache erwerben, gehörte Wörter von ihren Gleichaltrigen auf spielerische Weise übernehmen und relativ schnell beginnen, auch in komplexeren Sätzen miteinander zu kommunizieren (Schertel-Helf, 2014; Rösch, 2010). Hinzu kommt, dass die Arbeit in sogenannten 'DaZ-Gruppen' für die betroffenen Kinder stigmatisierend sein kann. Ausserdem kann diese Form «bei Kindern mit Migrationshintergrund zu Identifikationsproblemen mit der deutschen Sprache und Kultur führen und damit zu einem frühzeitigen Stillstand im Zweitspracherwerb – Fossilierung» (Schertel-Helf, 2014, 85).

Eine additiv durchdachte Förderplanung, die auf dem tatsächlichen Sprachstand der Kinder fusst, ist differenziert, zielführend und trägt den Voraussetzungen einzelner Kinder besser Rechnung. Fortlaufende Überprüfungen der Förderung und eine angenehme, von gegenseitigem Respekt gekennzeichnete Sprachförderatmosphäre, die gewissermassen einen sicheren Rahmen für die

Kinder bildet, ist gewiss vielversprechend für gute Fortschritte derselben in der Bildungssprache. Dabei stellen spielerische und kommunikative Sprachübungen wie Verse, Reime, durch Singen begleitete Bewegungsspiele und weitere sprachliche Interaktionen ein zentrales Förderelement für Sprachgewandte und Anfänger dar.

Insbesondere das Bewegungshandeln wird von der Erziehungswissenschaftlerin Renate Zimmer als Ausgang für sprachliche Prozesse bezeichnet. Sie weist in diesem Kontext darauf hin, dass Sprache und Bewegung wichtige Mittel der Erkenntnisgewinnung sind und sowohl situative als auch inszenierte Bewegungsangebote für die Kinder «Anlässe zum Sprechen, zum Erweitern und Differenzieren ihres Sprachvermögens sein [können]» (Zimmer, 2014, 128; dazu auch Selimi/Nussberger, 2014). Als basale Entwicklungsbereiche bilden Sprache, Bewegung, Spiel und Musik ein Paket bildungssprachlicher Förderung und sind für die Kinder weder orts- noch zeitgebunden.

Aufgrund des bislang Skizzierten rechtfertigt sich die Aussage, dass eine additive Sprachförderung auf der Eingangsstufe, die alle relevanten Ebenen der Bildungssprache kombiniert und Kindern ermöglicht, Strategien heranzuziehen, einer isolierten und auf nur eine Ebene beschränkten Förderung (z.B. phonologische Bewusstheit) vorzuziehen ist. In diesem Sinne ist ein Mischwald besser als eine Monokultur, um die Worte des Pädagogen Hilbert Meyer zu benutzen. In diesem Mischwald kommen sowohl die sogenannten 'soft skills' als auch die 'harten', evidenzbasierten Kompetenzen zum Tragen.

5.6 Merkmale einer erfolgversprechenden Bildungssprache

Zu den Merkmalen der Bildungssprache auf der Eingangsstufe zählen Sprach- bzw. Kommunikationslernen, soziales Lernen, Anschaulichkeit, Kreativität, Handlungs- und Produktionsorientierung sowie emotionales Lernen. Die Förderung aller Kinder in der Bildungssprache findet im Rahmen des pädagogischen Handelns im Eingangsstufenalltag statt. Allerdings setzt die Bildungssprache eine pädagogische Praxis mit hochstehender Interaktions- und Beziehungsqualität sowie durchdachtem Sprachangebot voraus. Als besonders wichtig für die bildungssprachliche Entwicklung der Kinder auf der Eingangsstufe werden folgende Qualitätsmerkmale hervorgehoben:

- Auf der Eingangsstufe wird ein angenehmes Lernklima gepflegt,
- der Anteil an echter Lernzeit ist hoch,
- Spiel- und Sprachlernumgebungen sind gut vorbereitet,
- Kindern werden angepasst hohe Leistungserwartungen im Sinne des Lehrplans 21 gestellt,
- die Erwartungen und Anforderungen sind für die Kinder verständlich und nachvollziehbar formuliert,

- die Ziele und Inhalte der bildungssprachlichen Förderung sind anspruchsvoll, aufeinander abgestimmt, klar strukturiert und überprüfbar,
- eine gute Balance zwischen angeleiteten und selbstgesteuerten Unterrichtsformen wird bewusst hergestellt,
- der zeitliche Umfang von bildungssprachrelevanten Aktivitäten und der eigenaktiven Lernzeit ist hoch,
- die Förderung der Sprachkompetenzen stützt sich auf eine sprachlich-pädagogische Diagnose ab,
- die auditive Konzentrationsspanne, Hörverstehen sowie Sprechen werden bewusst gefördert,
- die Sprachförderung ist in aktuellen und sinnhaften Kommunikationssituationen und Handlungszusammenhängen eingebettet (situierte Sprachförderung),
- aufeinander abgestimmte Fördermaterialien und Lehrmittel für die Förderung aller Lernenden in der Bildungssprache stehen zur Verfügung,
- die Lehr- und Fachpersonen für die sprachlich-pädagogische Diagnose und die systematische Unterstützung der Lernenden in der Erweiterung und Vertiefung ihrer bildungssprachlichen Kompetenzen sind ausreichend qualifiziert,
- die Beteiligten sehen die Unterstützung und Begleitung ihrer Lernenden in der Bildungssprache als gemeinsame Aufgabe und koordinieren die Inhalte,
- Eltern werden bewusst in die Sprachförderung der Kinder einbezogen (Selimi, 2016).

ZUSAMMENFASSUNG

Ein durchdachter und kompetenzorientierter Aufbau der Bildungssprache auf der Eingangsstufe, so wie er in diesem Buch beschrieben wird, ist abgestimmt mit dem Lehrplan 21. Er setzt aufeinander abgestimmte sprachdidaktische Verfahren, Materialien, Einschätzungsinstrumente und stufengerechte praktische Beispiele voraus. Der bildungssprachlichen Förderung in unterschiedlichen lehrplanbezogenen Kompetenzstufen liegt jeweils ein Thema zugrunde. Dieses ermöglicht Kindern, Sprachinhalte hinsichtlich des Wortschatzes, der Lautsprache, der Prosodie, der Grammatik und der Literatur zu behandeln. Diese Sprachinhalte bieten sich sowohl in angeleiteten (inszenierten) ko-konstruktiven Interaktionen als auch in freigestalteten (spontanen) Lernsituationen an. Hierzu empfehlen sich kurze Sequenzen von zehn bis maximal fünfzehn Minuten, die täglich stattfinden und die Heranführung der Kinder an entsprechende Techniken und Methoden des Sprachlernens ermöglichen – zum Beispiel, wie die Kinder ein Anliegen prägnant formulieren können. Die Fördersequenzen umfassen verschiedene Entwicklungsbereiche der Bildungssprache und finden nicht isoliert statt.

Werkstattartige Sprach- und Spielaktivitäten bieten handlungsbegleitende Sprechanlässe, die von zentraler Bedeutung für den Erwerb der Bildungssprache auf der Eingangsstufe sind. Dabei tauschen die Kinder ihre Gedanken, Wünsche und Interessen in Monologen und Dialogen aus, üben ihre Erzählkompetenz, wenn sie beispielsweise ihre Zeichnungen vorstellen.

Der Vorteil von thematischen Rahmen liegt darin, dass alle Kinder in Spiel- und Gesprächssituationen involviert werden und über einen längeren Zeitraum miteinander interagieren. Diese Art von Förderung reicht über das rein Sprachliche hinaus und stärkt die Kinder in deren Gesamtentwicklung innerhalb des Eingangsstufenalltags.

Die Sprachförderung auf der Eingangsstufe findet in der Regel eingebettet in Sprach- und Spielaktivitäten statt. Teil dieses ganzheitlichen Ansatzes ist eine fokussierte Sprachförderung, die wiederum additive Elemente beinhaltet und explizit auf den Wortschatz und die Lautsprache fokussiert. Diese explizite Behandlung von stufenspezifischen Sprachaspekten soll sinnstiftend im Rahmen von sprachlichen Spielaktivitäten sowie themagebunden vermittelt werden.

Für den Sprachunterricht im Kindergarten eignen sich am Anfang Minimalpaare (*Haus – Maus*) gut, um den phonologischen Erwerbsprozess zu initiieren. Die Kinder können dabei auf lustvolle Weise die Laute aussprechen, Ziellaute bilden, diese überprüfen und kompetent anwenden. Allerdings ist diese Möglichkeit im Deutschen begrenzt, weil nicht jedes beliebige Wort erlaubt, einen Ziellaut zu bilden. Deshalb ist es notwendig, auch Wortpaare heranzuziehen, die sich durch mehrere Laute bzw. Merkmale unterscheiden (z.B. *Krug – Trog*).

Besonders unterstützend für die Entwicklung der bildungssprachlichen Kompetenz sind *Gespräche*. Es empfehlen sich freie und angeleitete Sprechsequenzen beim Spielen zu zweit oder in der Gruppe. Weiter eignen sich für den Wortschatz- und Wissenserwerb der Kinder sowohl zufällig und situativ entstandene als auch gut geplante Sprachspiele.

Erzählen und Vorlesen von Geschichten aus Bilderbüchern sind bei den Kindern beliebt und fördern gleichzeitig die phonologische Bewusstheit und den Wortschatz. Bei der Geschichte eines kleinen Bären beispielsweise bilden die Kinder verschiedene B-Laute und Wortarten wie etwa Nomen, Verben, Adjektive mit dem Laut /B/. Hierzu eignen sich narrative und informative Texte sowie konkrete Besuche im Kindermuseum, im Zoo oder auf einem Bauernhof. Die Eindrücke aus solchen Besuchen werden z.B. mit den Kindern besprochen. In einer nächsten Sequenz stellt die Lehrperson Papier und Farbstifte zur Verfügung und lässt die Kinder Tiere mit dem Anfangsbuchstaben /B/ zeichnen und diese im Plenum präsentieren. Danach können sie ihre gezeichneten Geschichten nach Hause bringen und ihren Eltern zeigen.

Spielen ist eine gute Form, Weltwissen und sprachliche Kompetenzen zu erwerben. Nebst vielen Spielen mit anderen Kindern im Kindergarten, auf dem Spielplatz oder im Familienalltag stellen einfache Spiele auf dem iPad und Computer eine weitere Spielform dar. Dadurch, dass die Kinder in der weitentwickelten Medienwelt aufwachsen, haben die meisten von ihnen früh Zugang zum Handy der Eltern oder sie besitzen einen eigenen iPad oder Computer mit Sprachlernprogrammen.

Fingerspiele, die durch Sprechen begleitet werden, stellen eine weitere Möglichkeit der Sprachförderung dar. Beispielsweise modulieren die Kinder damit ihre laut-leise Stimme oder begleiten Reihenbildungen (Hotz, 2007).
Auch *musikalische Aktivitäten* sind eine nützliche Form, zu der alle Kinder leichten Zugang haben. Dabei können sie sich sprachlich, sozial, emotional und körperlich entfalten (Stadler Elmer, 2008).

Systematisch geplante und durchgeführte Lernsettings in den Bereichen Wortschatz und Lautsprache mögen zunächst dem Ansatz einer Gesamtförderung widersprechen. Wir dürfen jedoch nicht vergessen, dass es bei der Förderung der Bildungssprache im Kindergartenalltag weniger auf das *Was* als vielmehr auf das *Wie* und *Wieviel* ankommt. Es genügt beispielsweise, wenn die Kinder jeden Tag während maximal fünf Minuten Silben zu den gelernten Wörtern mit /B/ klatschen und anschliessend andere kreative Aktivitäten oder Wiederholungsspiele rund um den Laut /B/ durchführen.

Aus dem bislang Gesagten geht hervor, dass Sprachlernen im Kindergarten-, Grund- und Basisstufenalltag handelnd verläuft. Die Förderung aller Ebenen der Bildungssprache versteht sich als integraler Bestandteil einer Gesamtförderung, die nicht auf isoliertes Vokabellernen oder auf Grammatikübungen reduziert wird, sondern in einen übergreifenden Kontext integriert ist. Die sprachlich-kommunikative Entwicklung der Kinder wird dabei in erfahrungs- und handlungsorientierten Situationen des Alltags gefördert und folgt dem Prinzip: Aus dem Spiel und den Lauten werden Wörter, aus den Wörtern wird eine nachhaltige Bildungssprache, die später für den Schul- und Berufserfolg unabdingbar ist. Diese Kompetenzen bilden sich in direkter Interaktion der Kinder mit Bezugspersonen und durch sensomotorische Sprachzugänge aus. Die Lehrpersonen nutzen demnach das Potential einer Kombination der Sprache mit anderen Lernfeldern wie etwa Musik, Bewegung, Naturphänomene, Medien, Denken, Philosophieren und machen dadurch die bildungssprachliche Förderung aller Kinder zum integralen Bestandteil ihres Unterrichts.

Hierzu nehmen sie ihre sprachliche Vorbildfunktion bewusst wahr und verwenden anstelle reduzierter Sprachäusserungen längere Sätze sowie einen variantenreichen Wortschatz als Input. Dabei heben sie Aspekte aus der sozialen Umwelt der Kinder gezielt hervor.

Abschliessend kann festgehalten werden, dass die Förderung aller Eingangsstufenkinder in der Bildungsprache auf einer *natürlich-situativen* und *systematisch-gezielten* Weise basiert. Erstere hebt die Kommunikationsstärken der Kinder hervor und schafft Sprechsituationen auf dem Eingangsstufenalltag, in denen sich die Kinder mitteilen und ihre Neugier, ihre Wünsche sowie ihren Spieldrang ausleben können. Dazu gehört auch die situationsgerechte Anwendung von elementarsten Sprechmustern, nämlich sich bedanken, sich entschuldigen, selbstbewusst Anliegen ausdrücken oder Fragen formulieren. Die systematische Förderung der Kinder in der Bildungssprache hingegen fusst auf bewusst gesammelten Daten über die Sprachentwicklung eines Kindes. Bei dieser Form der Sprachförderung geht es um eine gezielte Förderung der Kinder in den Bereichen Lautsprache, Wortschatz, Grammatik, Metasprache und in allen anderen inhaltlichen Ebenen der Bildungssprache, die im Kapitel 2 dieses Buches beschrieben werden sowie im Lehrplan 21 dargestellt sind. Dies bedeutet, dass die Lehrpersonen nichts dem Zufall überlassen und die Kinder gezielt in allen relevanten Bereichen der Bildungssprache fördern.

Durch die Sprachreflexion löst sich das Kind schrittweise von der Bedeutung und dem Inhalt des Gesprochenen und befasst sich gezielt mit dem Hörbaren der Sprache (Engler, 2007, 107). Diese Förderungsform setzt bei den Voraussetzungen und Potenzialen der Kinder an und unterstützt sie darin, mögliche Lücken und Schwächen in bildungssprachliche Stärken umzuwandeln.

Während in der natürlich-situativen Förderung sowohl die Lehrpersonen als auch die Eltern bzw. Erziehungsberechtigten zuhause gleichermassen zur Förderung der Kinder beitragen können, obliegt die sprachlich-linguistische bzw. bildungssprachliche Förderung den Lehrpersonen als ausgebildete Fachleute.

Bislang skizzierten Grundlagen der Bildungssprache folgen in den Kapiteln 6 bis 8 erprobte Praxisbeispiele, die Lehrpersonen Impulse für die Förderung aller Kinder in der Bildungssprache geben sollen. Die Vorschläge aus drei ausgewählten Handlungsfeldern (Bilderbuch, Farbenwelt, Zirkus) sind nach dem gleichen Prinzip aufgebaut und nehmen bewusst den Wortschatz und die Lautsprache in den Blick, ohne jedoch die Bedeutung aller anderen relevanten Ebenen der Bildungssprache, die im Theorieteil umrissen werden, ausser Acht zu lassen. Die Beispiele sollen Kindern auf der Eingangsstufe ermöglichen, viele Facetten der Bildungssprache spielend und handelnd zu entdecken und sich anzueignen.

Die Leitfiguren *Raupe* im Kapitel 6, *Farbenkönig* im Kapitel 7 und *Johanna* im Kapitel 8 sind bildlich (metaphorisch) gemeint. Sie sind quasi die wichtigsten Bezugs- und Hauptansprechpartner der Kinder und begleiten sie durch die jeweiligen Kapitel. Sobald ein Kapitel ausgiebig behandelt wurde, verabschiedet sich auch die Leitfigur von den Kindern. Diese Figuren werden vorwiegend durch die Lehrperson und je nach Sequenz auch durch die Kinder selbst gespielt.

TEIL III:
PRAXIS

6 SPRACHFÖRDERUNG ANHAND DES BILDERBUCHS: AM BEISPIEL VON «DIE KLEINE RAUPE NIMMERSATT» VON ERIC CARLE

Lernfeld	Sprache(n) Zyklus 1: Schwerpunkt Kindergarten, Grundstufe, Basisstufe
Kompetenzen	**Vorbemerkung:** Die Kompetenzen verlaufen dynamisch und kommen in gewissen Sequenzen implizit mehrfach vor, wie dies in diesem und den darauffolgenden Kapiteln erkennbar ist. Daher verstehen sich die hervorgehobenen Kompetenzen als eine Auswahl (mehr dazu siehe Lehrplan 21, D-EDK, 2015): **Hören: D.1** *A Grundfertigkeiten* 1. Die Kinder können ihren rezeptiven Wortschatz aktivieren, um das Gehörte angemessen zu verstehen. b. Die Kinder können Reime, Silben und einzelne Laute heraushören (phonologische Bewusstheit). *B Verstehen in monologischen Hörsituationen* 1. Die Kinder können wichtige Informationen aus Hörtexten entnehmen. b. Die Kinder können erzählen und der Handlung einer Erzählung folgen. *C Verstehen in dialogischen Hörsituationen* 1. Die Kinder können Gesprächen aufmerksam folgen. c. Die Kinder können Kommunikationssituationen wahrnehmen und nachfragen, wenn sie im Austausch etwas nicht verstehen. *D Reflexion über das Hörverhalten* 1. Die Kinder können über ihr Hörverhalten reflektieren. a. Die Kinder können Kommunikationssituationen wahrnehmen und nachfragen, wenn sie im Gespräch etwas nicht verstehen. **Sprechen: D.3** *A Grundfertigkeiten* 1. Die Kinder können ihren produktiven Wortschatz und Satzmuster aktivieren, um angemessen flüssig zu sprechen. a. Die Kinder können Laute einzeln und im Wort bilden sowie Wörter und Sätze zu verschiedenen Themen und Situationen altersgerecht formulieren (produktiver Wortschatz).

<table>
<tr><td></td><td>b. Die Kinder können nonverbal (Mimik, Körperhaltung) und paraverbal (Intonation, Sprechfluss) angemessen reagieren.

B Monologisches Sprechen
1. Die Kinder können sich in monologischen Sprechsituationen verständlich ausdrücken.
a. Die Kinder können angemessen erzählen, erklären, präsentieren und Verse, Reime, Gedichte vortragen.

C Dialogisches Sprechen
1. Die Kinder können aktiv an Zweiergesprächen mitmachen.
a. Die Kinder können Sprechrollen im Spiel meistern.
b. Die Kinder können angemessen Fragen beantworten und Gespräche führen.
c. Die Kinder können Alltagsgespräche in Mundart und/oder Standarddeutsch verbalisieren.

D Reflexion über das Sprech-, Präsentations- und Gesprächsverhalten
1. Die Kinder können über Sprech-, Präsentations- und Gesprächsverhalten reflektieren.
a. Die Kinder können über eigenes und das Gesprächsverhalten anderer reflektieren.</td></tr>
<tr><td>Kompetenzebenen</td><td>Wortebene (Kompetenzstufe I): Die Kinder sind angewiesen auf die Hilfe der Lehrperson, wenn sie eine Aktivität beschreiben bzw. wiedergeben.

Satzebene (Kompetenzstufe II): Die Kinder können ihrem Alter entsprechend die einzelnen Aufträge sprachlich bewältigen. Um einen Inhalt zu verstehen sowie in vollständigen und zusammenhängenden Sätzen zu rekonstruieren, sind sie jedoch immer wieder auf die Unterstützung der Lehrperson angewiesen.

Textebene (Kompetenzstufe III): Die Kinder können ihrem Alter entsprechend Inhalte sprachlich kohärent verbalisieren, dieselben mit ihrem Vorwissen verknüpfen und verarbeiten.</td></tr>
<tr><td>Ziel</td><td>Der Wortschatz, die Lautsprache, das Bilderbuchwissen sowie die überfachlichen Kompetenzen der Kinder werden erweitert.</td></tr>
</table>

6.1 Zur Relevanz des Bilderbuchs auf der Kindergarten-, Grund- und Basisstufe

6.1.1 Medienerfahrung im Kindergartenalter

Zu Beginn des Kindergartens verfügen die Kinder über unterschiedliche Erfahrungen mit Literarischem. Den meisten von ihnen wurden zu Hause Reime, Sprüche und Verse vorgesprochen, Lieder vorgesungen, Geschichten und Märchen vorgelesen oder erzählt. Es gibt Kinder, die durch Medien, Film, iPad, Tonband, Fernsehen und Kinderkino früh Zugang zu Geschichten erhalten. Durch die Begegnung mit all diesen Medien erlernen die Kinder, dass mittels Gehörtem, Erzähltem und Gesehenem etwas in ihnen in Bewegung gesetzt wird und dass es eine Menge Spass macht.

Es gibt aber auch Kinder, denen solche Erfahrungen bis zum Eintritt in den Kindergarten teilweise oder ganz fehlen. Sie lernen demnach die Welt der Medien und somit auch des Bilderbuchs erst im Kindergarten kennen. Genau dieser Unterschied macht die Bandbreite hinsichtlich der Erfahrung der Kinder mit Bilderbüchern auf der Kindergarten-, Grund- und Basisstufe deutlich.

Mit dem Einsatz von Bilderbüchern auf der Eingangsstufe wird unter anderem das Ziel verfolgt, das Interesse der Kinder an Büchern, am Erzählen zu wecken und sie dadurch sprachlich zu fördern.

6.1.2 Funktion des Bilderbuchs auf der Kindergarten-, Grund- und Basisstufe

Durch die Betrachtung eines beliebigen Bilderbuchs erhalten die Kinder Zugang zu verschiedenen Themen und zur Schriftlichkeit. Zudem erweitern sie den Wortschatz und die phonologische Bewusstheit, indem sie über die Bilder sprechen und bestimmte Wörter in Silben oder Laute zerlegen.

Das Bilderbuch ist somit ein wichtiges Werkzeug der Sprachförderung, weil die Kinder dank diesem Medium Zugang zu mündlichen und schriftlichen Sprachformen erhalten. Sie können zum einen ein Buch betrachten und einen Dialog führen, eine vorgelesene Geschichte kommentieren, eigene Geschichten auf dramatische Weise erzählen, Sprachspiele durchführen oder ein eigenes Bilderbuch herstellen. Zum anderen schafft die Lehrperson beispielsweise bewusst eine Vorlesesituation, die Nähe und Zuwendung zwischen der vorlesenden Person und den zuhörenden Kindern zulässt.

Der gemeinsame Sachbezug ist somit die Basis für die Bilderbuchbetrachtung als Dialog. Es wird vorgelesen, zugehört, gesprochen und gefragt. Die Situation wird dabei auf die Kindergruppe abgestimmt. Das Tempo kann variieren. Vielleicht wollen die Kinder lange bei einem Bild verweilen und darüber sprechen, fragen oder erzählen. Oder sie möchten, dass die Lehrperson ihnen das Bilderbuch zuerst zügig vorliest und anschliessend die Geschichte darin mit ihnen bespricht.

Solche Sprechanlässe helfen Kindern, neue Wörter zu präsentieren und dadurch deren Wortschatz zu erweitern. Je variationsreicher die Bilderbuchbetrachtung ist, desto mehr Möglichkeiten erhalten die Kinder, neue Wörter und deren Bedeutungen zu lernen. Dabei entwickeln sie auch ihre phonologische Bewusstheit (Beispiel: *Rau-pe* beginnt mit dem Laut */R/)*. Die mündliche Sprachfähigkeit, der Wortschatz und allgemeines Wissen sowie Sachwissen sind starke Indikatoren des Lese- und Schreiberwerbs.

6.1.3 Kriterien für die Auswahl eines Bilderbuchs

Die Bilderbücher enthalten in der Regel Geschichten (narrative Texte) oder argumentative Texte (Informationsbücher). Bei der Auswahl eines Bilderbuchs, das die Lehrperson mit den Kindern behandeln möchte, entscheidet sie darüber, ob sie einen argumentativen oder narrativen Text behandeln möchte. Es folgen einige Kriterien, die bei der Auswahl eines Bilderbuchs berücksichtigt werden sollten:

- Nebst der Textform haben die Bilderbücher ein inneres und ein äusseres Leben: Das äussere Leben steht dabei für den Gebrauch und das innere für den Inhalt eines Bilderbuchs.
- Ausgewählte Bilderbücher sollten zudem verschiedene Themen behandeln und einen ansprechenden Wortschatz, Verse, Reime oder Spiele enthalten. Die Kinder sollen also spielerisch verschiedene Sprechweisen üben können: z.B. Sprechen im Chor, Echosprechen, laut, leise, langsam, schnell sprechen.
- Geschichten zu 'schreiben', d.h. eine Zeichnung dazu zu zeichnen, ist ebenfalls fester Bestandteil der Arbeit mit Bilderbüchern auf der Eingangsstufe und sollte von einem Bilderbuch gewährleistet sein. Die Geschichte darin soll für die Kinder ansprechend sein und sie ermutigen, das Gehörte in Bildern und Zeichnungen kreativ darzustellen und phantasievoll zu erzählen (konstruieren).
- Zudem soll ein Bilderbuch Kindern ermöglichen, auditive Elemente mit visuellen zu verbinden und erste Erfahrungen mit der literarischen Sprache zu sammeln. Die Kinder sollen durch die Betrachtung des Bilderbuchs aktiv reagieren und sie sollen sich zu den Bildern äussern, ein Geschichtenschema aufbauen können.
- Gute Bilderbücher vereinen sprachliche, ästhetische, interkulturelle, umweltrelevante und spielerische Elemente zu einem ansprechenden Mosaik, das die Vorstellungs- und Ausdruckskraft der Kinder entfaltet.

6.1.4 Hinweise zur didaktischen Umsetzung der vorgeschlagenen Aktivitäten

Die vorgeschlagenen Praxisbeispiele in diesem Kapitel enthalten bewusst auch Hinweise, die sich aus der Erprobung ergeben haben. Die Vorschläge sollen in mehrfacher Hinsicht nützlich sein: Die Kinder erhalten einen thematischen Zugang und entdecken dabei das Bilderbuch als vielseitig einsetzbares Instrument. Mithilfe von Bilderbuchgeschichten erweitern sie vor allem ihren Wortschatz und ihre phonologische Bewusstheit – zwei Sprachbereiche, die auf der Eingangsstufe zentral sind und deshalb vorliegend schwergewichtig behandelt werden.

Insbesondere Kinder ohne oder mit geringen Deutschkenntnissen können am Anfang des Kindergartens vor allem mit der Lautsprache Mühe haben. Hierbei brauchen sie täglich kurze Übungen und Zeit, bis sie über einen Grundwortschatz und gute lautsprachliche Fähigkeiten verfügen.

Für die Umsetzung einzelner Sequenzen brauchen die Kinder unterschiedlich lange: Vor allem die Kinder am Anfang des ersten Kindergartenjahres und die Kinder mit geringen Deutschkenntnissen brauchen eine sorgfältige Einführung, Zeit, Betreuung und Wiederholungsübungen, in denen sie sprachlich, mimisch, singend, bewegend und nachahmend handeln können.

In Kindergärten mit sprachlich heterogenen Gruppen empfiehlt es sich, jeweils zwei bis drei Beispiele zu nehmen und diese in kleineren Gruppen durchzuführen. Es gibt Kinder, die sich zu Beginn des ersten Kindergartenjahres nicht zutrauen, ein Tier zu zeichnen. Für diese Kinder ist es vielleicht einfacher, das Tier mit Knete herzustellen oder es in einer Vorlage (mit Punkten) nachzuzeichnen. Die Punkte müssen nicht zwingend wie das zu zeichnende Tier aussehen. Falls die Kinder des zweiten Kindergartenjahres geübt sind, können sie als 'Experten' ihre unerfahrenen Mitlernenden unterstützen.

Für die Sprachförderung mithilfe des Bilderbuchs wurde exemplarisch das in mehreren Sprachen verfügbare Bilderbuch «Die kleine Raupe Nimmersatt» gewählt. Im Prinzip ermöglicht jedes Bilderbuch vielseitige Umsetzungsideen der Sprachförderung auf der Kindergarten-, Grund- und Basisstufe.

Hinweis: Für die Kinder wäre es spannend, wenn sie selber Raupen züchten könnten und so einen leichten Zugang zu diesem Thema erhalten. Es dauert etwa fünf Wochen, bis die Raupen zu Schmetterlingen werden. Während dieser Zeit können die nachstehend vorgeschlagenen Aktivitäten bearbeitet werden.

6.2 Das Leben der Raupe Nimmersatt

Sozialform:	Einzelarbeit, Gruppenarbeit, Plenum
Kompetenzstufe:	I, II
Kompetenzen:	Die Kinder können – in die Welt des Bilderbuchs eintauchen, – ihr Sachwissen weiterentwickeln, – ihren Wortschatz aufbauen, – die lautsprachlichen Kompetenzen erweitern.
Material:	Bilderbuch «Die Raupe Nimmersatt» von Eric Carle, Handpuppe Raupe, Arztkoffer oder Stethoskop, Malblätter, Farbstifte, Wortschatzkärtchen zu Obst und Gemüse

Möglicher Ablauf: Die Lehrperson stellt das Material bereit und informiert die Kinder darüber, dass sie mit ihnen ein besonderes Tier, die kleine *Raupe*, näher kennenlernen möchte. Dies mit dem Ziel, möglichst viel über die *Raupe* zu wissen. Sie werden im Kindergarten Raupen züchten und jeden Tag beobachten, wie sich diese entwickeln. Dazu werden sie gemeinsam ein Bilderbuch anschauen – sie zeigt das Buch –, viele lustige Spiele dazu spielen und singen. Nun nimmt sie die Raupenhandpuppe, die als Leitfigur im Mittelpunkt steht, vom Korb.

Die Raupe begrüsst die Kinder

Die *Raupe* – diese Rolle übernimmt die Lehrperson – begrüsst die im Stuhlkreis sitzenden Kinder und stellt sich zuerst vor. Danach fragt sie die Kinder, ob sie sich auch vorstellen können. Sie ist neugierig und will wissen, wie die Kinder heissen. Nach der Vorstellungsrunde teilt sie den Kindern mit, dass sie nun über ihr Leben erzählen möchte. Die *Raupe* beschreibt ihre Lebensgeschichte. Die Kinder ihrerseits dürfen nun der *Raupe* Fragen stellen, um noch mehr von ihrem Leben zu erfahren. «Wie heisst du?» oder «Wo ist dein Zuhause?» oder «Mit wem spielst du?» sind einige Fragen, die die Kinder bei der Erprobung dieser Sequenz stellten. Die *Raupe* gibt Auskunft und stellt anschliessend den Kindern ähnliche Fragen. Die Kinder berichten und lassen dabei ihrer Fantasie freien Lauf, indem

Gemeinsam singen und klatschen

sie sich z.B. als *Maus, Vogel* oder *Schnecke* präsentieren und von ihrer Lebensgeschichte erzählen. Diesem lebendigen und lustigen Dialog zwischen den Kindern und der Leitfigur folgt ein gemeinsames Abschlusslied. Danach holen die Kinder ihr 'Znüni' und können nach diesem Vormittagssnack frei spielen.

Bei der nächsten Sequenz unterhalten sich die Kinder über die Essgewohnheiten der *Raupe* und erzählen auch von den eigenen Essgewohnheiten. Nach einem Begrüssungslied aktiviert die Lehrperson das Vorwissen der Kinder, indem sie mit ihnen zunächst bespricht, wovon sich die *Raupe* eigentlich ernährt. Die Antworten der Kinder sind vielfältig: «Sie isst einen Apfel, sie hat aber auch gerne Kuchen», meint ein Mädchen. Ein anderes Mädchen präzisiert: «Sie hat gerne Schoggikuchen».

Diese offene Einstiegsfrage bearbeiten die Kinder nun in Dreiergruppen. Zuerst denkt jedes Kind darüber nach, was es sonst noch über die Raupe weiss. Anschliessend tauschen sie sich zu dritt aus. Im Stuhlkreis stellen sie ihre Überlegungen vor (DAV-Lernmethode: Denken, Austausch, Vorstellen). Im ersten Schritt bauen die Kinder neues Wissen auf und verbinden es mit dem Vorwissen (Konstruktion). Im zweiten Schritt tauschen sie das Konstruierte aus (Ko-Konstruktion 1). Am Schluss stellen die Gruppen ihre Ergebnisse im Plenum vor (Ko-Konstruktion 2) (Brüning/Saum, 2007, 7).
Durch diesen kleinen Auftrag in drei Schritten werden höhere Sprechanteile generiert. Selbst die Kinder mit wenig Sachwissen und geringem Wortschatz teilen sich im Plenum mehr und mehr mit und üben auf diese Weise ihre Sprechkompetenz.

Didaktischer Hinweis: Hierbei empfiehlt es sich, die Gruppen jeweils so zu bilden, dass möglichst alle Kinder inhaltlich und sprachlich vom Austausch profitieren. Ein Kind, das noch kein Deutsch spricht, profitiert zunächst rezeptiv vom Austausch seiner beiden Gruppenkollegen/innen, was sehr nützlich für seinen Wortschatzerwerb ist. Besonders viel und gerne erzählen diejenigen Kinder, die einen Bezug zum Inhalt, hier also zu den Raupen oder anderen kleinen Tieren haben, weil sie z.B. selber bereits Raupen gezüchtet haben und eine Menge darüber wissen. Als 'Experten' erzählen diese Kinder ihren gleichaltrigen Kameraden zudem vom bevorstehenden Entwicklungsprozess der Raupen, die sie im Rahmen des Themas im Kindergarten züchten.

Die *Raupe* nutzt die Darstellungen der Kinder im Plenum und hält die wichtigsten Wörter rund um die Ernährung der Raupen auf A5-Blättern fest. In einem Folgeauftrag zeichnen die Kinder in Einzelarbeit ein Bild zum ihnen zugeteilten bzw. mündlich mitgeteilten Wort, z.B. eine Birne. Diese Wort-Bild-Verbindung ist förderlich für die Wahrnehmung, Kreativität, Motorik, Sprech- und Zuhörkompetenz und somit auch für die Speicherung der Wörter im Langzeitgedächtnis.

Didaktischer Hinweis: Hierzu soll darauf geachtet werden, dass die Kinder die neu zu lernenden Wörter portioniert (z.B. fünf bis acht Wörter) bearbeiten, weil sie sonst den Überblick verlieren könnten.

Am Schluss legen die Kinder ihre Zeichnungen auf den Boden und betrachten diese. Die *Raupe* fragt, ob jemand das Bild präsentieren möchte? Die Kinder dürfen ihr Bild auf dem Stuhl stehend präsentieren und diesen Moment geniessen. Sollte die Zeit für alle Präsentationen knapp sein, wird diese Sequenz das nächste Mal aufgegriffen. So haben alle Kinder die Möglichkeit, ihr Kunstwerk vorzustellen.

Abgerundet wird die Sequenz mit der Ausstellung der Kinderzeichnungen und einem Abschlusslied aus dem Liederrepertoire, das durch Bewegung auf den Stühlen begleitet wird.

Kinder präsentieren ihre Produkte und singen ein Lied, das sie durch Bewegung begleiten

Anschliessend zeigt die *Raupe* das Bilderbuch «Die kleine Raupe Nimmersatt» und fragt die Kinder, was ihnen sonst noch in den Sinn kommt, wenn sie das Bild auf dem Buchumschlag anschauen. Nachdem die Kinder ihre Eindrücke formuliert haben, erzählt ihnen die *Raupe*, dass sie sich freue, die Kinder zu besuchen, dass sie aber fürchterliche Bauchschmerzen habe und dringend Hilfe brauche. Die Kinder sind besorgt und denken darüber nach, wie sie der *Raupe* helfen können. Sie bringen die 'leidende' *Raupe* zum Arzt. Ein Kind spielt den Arzt und untersucht die 'Patientin' mit dem Stethoskop.

Zwei weitere Kinder wollen der *Raupe* einen Tee zubereiten. Andere wiederum möchten ihr ein schönes Bild zeichnen, weil sie es sich wünscht – Papier (A5) und Farbstifte liegen in den Materialkisten bereit.

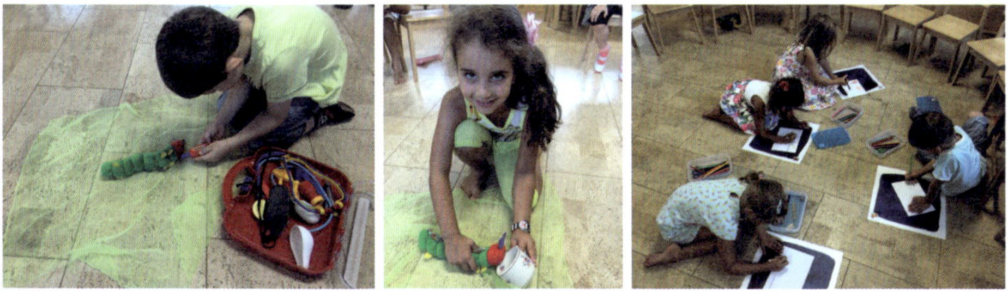

Kinder pflegen die Raupe und zeichnen ihr eine schöne Zeichnung

Die Kinder haben hierbei Gelegenheit, die einzelnen Schritte ihres Tuns zu beschreiben und sich gegenseitig zu erzählen, ob die kranke *Raupe* Fieber hat, was für einen Tee sie zum Trinken bekommt, was sie ihr zeichnen möchten usw. Zudem schreiben diejenigen Kinder, die bereits schreiben können, ihren Namen und gegebenenfalls einen Wunschsatz an die Raupe. Die Kinder, die ebenfalls etwas schreiben möchten, jedoch noch nicht schreiben können, bitten die Lehrperson um Hilfe. In dieser Sequenz entwickeln die Kinder gleichermassen ihre Sprechfähigkeit und ihre überfachlichen Kompetenzen, die im Lehrplan 21 eine wichtige Rolle spielen.

Didaktischer Hinweis: In Gruppen mit vielen Kindern, die noch nicht schreiben können, kann es lange dauern, bis die Lehrperson die Wünsche aller Kinder auf ihre Zeichnungen geschrieben hat. Um zu verhindern, dass einige Kinder zu lange warten müssen, soll es Kindern freistehen, ob sie einen Wunsch schreiben möchten oder nicht. Die Lehrperson kann lediglich den Hinweis dazu liefern.

In der darauffolgenden Sprechsequenz bedankt sich die *Raupe* bei den Kindern für die Pflege und die vielen schönen Zeichnungen, die ihr geholfen haben, wieder gesund zu werden.

Hinweis: Es ist wichtig, auf die Zeichnungen der Kinder einzugehen und sie darüber berichten zu lassen, was sie gezeichnet haben. Die zuhörenden Kinder und die Lehrperson loben jeweils die präsentierte Zeichnung und würdigen sie mit einem Applaus. Während die Kinder ihre Zeichnungen präsentieren und kommentieren, achtet die Lehrperson auf die Sprachaspekte: Was ist auffällig? Welche Wortarten verwenden die Kinder? Verwenden sie die Nomen mit dem richtigen Artikel? Dies sind wertvolle Momente, um die Sprachkompetenz der Kinder zu beobachten und sie in der Bildungssprache zu fördern.

Die Kinder ohne oder mit sehr geringen Deutschkenntnissen machen gerne mit, wenn sie in einer Gruppe mit anderen Kindern arbeiten, die Deutsch können. Am Anfang beschränkt sich ihr Sprachbeitrag auf parasprachliche Aspekte und die Körpersprache. Bald beginnen sie jedoch, einzelne Wörter zu sprechen. Teilweise verwenden sie spontan auch Wörter ihrer Erstsprache. Diese Sprachmischung (code switching) ist natürlich und sollte als Potenzial betrachtet werden.

Nun greift die Lehrperson diesen Punkt auf und thematisiert mit den Kindern die möglichen Ursachen, die zu den Bauchschmerzen der kleinen Raupe geführt haben könnten. Damit verbunden fragt sie, ob jemand von den Kindern auch schon einmal starke Bauchschmerzen gehabt habe? Die Kinder berichten eine Menge dazu. Ein Mädchen erzählt, dass sie viel von ihrem Geburtstagskuchen gegessen und deswegen Bauchschmerzen bekommen habe. Ein Junge pflichtet bei und berichtet, dass die Eltern ihn deswegen zum Arzt bringen mussten.

Nun fragt die *Raupe*, ob die Kinder ein paar Ernährungsempfehlungen für sie hätten, damit sie keine Bauchschmerzen mehr bekommt. Sie weist dabei auf die Begriffe *Obst* und *Gemüse* hin und schlägt damit den Bogen zur nächsten Wortschatzaktivität.

Den Wortschatz festigen: In dieser Aktivität wählt die *Raupe* einige zum Thema passende Nomen aus und vertieft diese. Die Frage, womit sich die *Raupe* ernährt, kann beispielsweise die Grundlage für die Einführung verschiedener Obst- und Gemüsenamen bilden. Ziel ist es, zunächst die Oberbegriffe *Obst* und *Gemüse* einzuführen. Im Zusammenhang mit diesen Oberbegriffen können beispielsweise auch folgende Nomen als Unterbegriffe eingeführt und vertieft werden: *Gurke, Apfel, Pflaume, Banane, Melone, Mandarine, Feige, Ananas, Zitrone, Erdbeere, Traube, Pilz, Lauch, Peperoni, Kartoffel, Karotte,* usw. Hierfür werden die vorbereiteten Wortschatzkärtchen verwendet.

Didaktischer Hinweis: Diese Wortmenge kann schrittweise durch weitere Wörter ergänzt und erweitert werden. Hierzu können beispielsweise die Bilder der Kinder, die sie für die Raupe gezeichnet hatten (s.o.), herangezogen werden.

Die Lehrperson legt zwei Tücher unterschiedlicher Farbe auf den Boden (z.B. grün und rot). Auf dem grünen Tuch befinden sich Wortschatzkärtchen (Vorlage siehe Anhang) mit Früchten darauf, auf dem roten alle Kärtchen mit den Gemüsesorten. Jedes Kind darf eine Frucht oder ein Gemüse vom Tuch nehmen, diese/s hochheben, benennen und beschreiben.

Kinder erweitern ihren rezeptiven und produktiven Wortschatz

Didaktischer Hinweis: Für Übungen dieser Art empfehlen sich auch echte Früchte und echtes Gemüse. Die Lehrperson legt beispielsweise je fünf Frucht- und Gemüsesorten in einen Korb und ergänzt diese fortwährend. Früchte und Gemüsesorten aus Kunststoff eignen sich ebenfalls.

Zudem ist es hilfreich, zusätzliches Bildmaterial bereit zu stellen, damit die Kinder mit geringem Wortschatz die Wörter mit dem Bild bzw. Objekt verbinden können. Am Ende der Übung bereiten die Kinder mit den Früchten einen Fruchtsalat zu, den sie gemeinsam als 'Znüni' geniessen.

Die Lautsprache üben: Die eingeführten Wörter werden nun in Silben zerlegt (phonologische Bewusstheit im weiteren Sinn). Beispiel: *Rau-pe, Ap-fel, Me-lone, Gur-ke.* Alle gemeinsam sprechen die Silben jeweils nach und klatschen in die Hände. Interessanterweise kann man bei solchen Lautsprachübungen beobachten, dass auch diejenigen Kinder, die aus Sprachgründen den Auftrag nicht verstehen, freudvoll mitklatschen.

Üben der Lautsprache

Nun gehen die Kinder einen Schritt weiter und finden heraus, mit welchem Laut die bisher geübten Wörter beginnen und mit welchem sie enden (phonologische Bewusstheit im engeren Sinn). Dazu ein Beispiel: Das Wort *Karotte* beginnt mit einem */K/* und endet mit einem */e/*; es empfiehlt sich, im Kindergarten die Lautiermethode (*K-a-r-o-tt-e*) und nicht die Buchstabenmethode (*Ka-a-er-o-tte-e*) anzuwenden.

Hinweis: In diesem Stadium können allmählich die Buchstaben thematisiert werden (Beispiele dazu finden sich weiter unten). Erfahrungsgemäss kennen manche Kinder bereits viele Anlaute und machen sehr gern mit. Die Anfangs- und Endlaute bereiten jedoch einigen Kindern noch Schwierigkeiten. In solchen Situationen ist es hilfreich, wenn die zu übenden Laute zunächst in den Namen der Kinder gesucht und spielerisch geübt werden.
Die Sequenzen zum Wortschatz und zur phonologischen Bewusstheit im weiteren Sinn können die meisten Kinder, die über einen Grundwortschatz verfügen, bewältigen. Die Übungen zur phonologischen Bewusstheit im engeren Sinn hingegen sind anspruchsvoll. Mit den An- und Endlauten können die meisten Kinder kompetent umgehen. Die Laute im Wort einzeln zu erkennen, ist anspruchsvoll. Kinder, die dies können, befinden sich auf der Textebene.

Als Abschluss dieser Sequenz folgt ein Gedicht. Hier ein Beispiel:

Kleine Raupe
Die kleine Raupe Nimmersatt,
die viele kleine Füsse hat.
Sie krault hinauf und hinunter,
ganz glücklich und munter.

6.3 Die kleine Raupe gesund ernähren

Sozialform:	Einzelarbeit, Partnerarbeit, Gruppenarbeit
Kompetenzstufe:	II, III
Kompetenzen:	Die Kinder können den Wortschatz und die Lautsprache erweitern, monologisch und dialogisch in vollständigen, zusammenhängenden Sätzen erzählen, emotionale, soziale und kognitive Fähigkeiten aufbauen, Methoden- und Strategiekompetenzen (überfachliche Kompetenzen) aufbauen.
Material:	Bilderbuch «Die Raupe Nimmersatt», Handpuppe Raupe, 'Arztkoffer' oder Stethoskop, Malblätter, Farbstifte, Wortschatzkärtchen zu Obst und Gemüse, Buchstabenkärtchen

Möglicher Ablauf: Als Einstieg erzählt die *Raupe* mithilfe des Bilderbuchs einen weiteren Teil der Geschichte. Diese Einstiegssequenz soll zur Förderung des rezeptiven Wortschatzes der Kinder beitragen. Diesem Einstieg folgt eine Sequenz, in der die Kinder sprechen, zeichnen, Verse aufsagen und präsentieren können. Sie erhalten die Aufgabe, für die kleine *Raupe* einen Ernährungsplan für eine oder mehrere Wochen zusammenzustellen. Für jeden Tag zeichnen sie etwas (z.B. eine oder mehrere Früchte, ein Gemüse mit und/oder ohne Blätter), durch das sich die kleine *Raupe* hindurchfressen kann.

Zu dritt überlegen sich die Kinder in einem nächsten Arbeitsschritt ein paar Ernährungsratschläge für die *Raupe*, wie sie die von ihnen vorgeschlagenen Lebensmittel jeweils als Tagesmahlzeit geniessen kann (als Vorspeise, Hauptspeise, Mehrgangmenu usw.). Beispiel: «Du sollst zum Frühstück zwei grosse, dicke Erdbeeren fressen, damit du bis zum Mittagessen satt bist. Zum Mittagessen sollst du eine dünne Scheibe Wassermelone als Vorspeise und einen grossen Apfel als Hauptspeise geniessen. Zum Abendessen sollst du eine gebratene Peperoni und eine Karotte als Hauptspeise fressen».

Die angefertigten Zeichnungen liegen nun auf dem Boden und werden zunächst betrachtet. Die gesamte Gruppe soll nun gemeinsam darüber entscheiden, was die *Raupe* an welchem Wochentag fressen soll (morgens, mittags und abends). Für jeden Tag werden drei Zeichnungen mit möglichst verschiedenen Lebensmitteln gewählt und dem Wochentag entsprechend mit einer Wäscheklammer an eine Leine gehängt. Jeden Tag darf eine Gruppe anhand ihrer Zeichnungen im Plenum präsentieren, welche Lebensmittel sie der kleinen *Raupe* vorschlägt und wie sie die Tagesmahlzeiten am besten geniessen soll. Gleichzeitig wollen die Kinder von der *Raupe* wissen, ob ihr die vorhergehenden Mahlzeiten geschmeckt haben, ob sie etwas besonders gern und etwas weniger gern gehabt hat, ob sie satt geworden ist usw. Die kleine *Raupe* (ein Kind mit der Handpuppe) berichtet, z.B.: «Am Montagmittag frass ich mich durch einen Apfel. Aber satt war ich noch immer nicht» usw.

Variante: Die Kinder können die hungrige *Raupe* 'füttern', wie dies auf dem nachstehenden Foto zu sehen ist. Hierfür können sie das im Kindergarten verfügbare Material benutzen. Sie sind in der Regel kreativ und finden schnell Gegenstände, mit denen sie spielen bzw. die kleine *Raupe* füttern können.

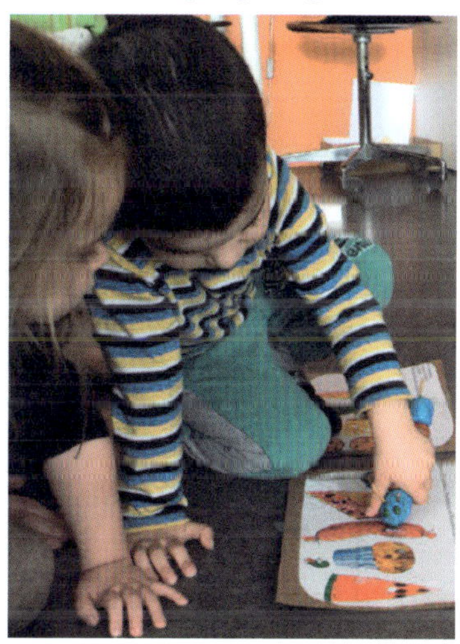

Kinder füttern die hungrige Raupe

Didaktischer Hinweis: Für diesen Auftrag empfiehlt sich die kooperative DAV-Lernform (Denken, Austauschen, Vorstellen; s.o.). Diese Arbeitsform hat den Vorteil, dass alle Kinder mitdenken, mitgestalten und vom Ergebnis erzählen können. Indem jedes Kind z.B. seinen Ernährungsvorschlag der kleinen Raupe 'vorliest', bleibt es nicht nur bei den wenigen Kindern, die ohnehin sprechgewandt und kommunikativ sind, sondern auch introvertierte Kinder werden ermutigt, sich zu melden und zu erzählen. Die Kinder üben in solchen Sprechanlässen aktiv die gelernten Wörter, die im Zusammenhang mit dem Thema vorkommen. Deren Wortschatz beschränkt sich dabei nicht nur auf die Wortebene (Reproduktion einzelner isolierter Wörter), sondern umfasst auch die Satz- und Textebene (Rekonstruktion und Konstruktion) und somit alle drei Kompetenzstufen, die im Sinne des Lehrplans 21 im Kapitel 4 dieses Buches dargestellt sind. Demnach sollen in dieser Sequenz **alle** Kinder ermutigt werden, die Gedanken bzw. Vorschläge in möglichst vollständigen und zusammenhängenden Sätzen zu formulieren. Dadurch üben sie bereits im Kindergarten, wie sie ihre Überlegungen kontextbezogen kommunizieren können (Aufbau der pragmatischen Fähigkeit).

Beobachtet die Lehrperson, dass ein Kind Mühe hat, seine vorgetragenen Schilderungen in zusammenhängenden Sätzen zu formulieren und/oder unklar spricht, wiederholt sie seine Aussagen in vollständigen Sätzen. Diese Unterstützungshilfe ist in einem solchen Fall notwendig und sinnvoll, weil die betroffenen Kinder dabei den sprachlich korrekten Erläuterungen der Lehrperson zuhören und dadurch ihre rezeptive Wortschatzkompetenz weiterentwickeln können.

In sprachlich heterogenen Gruppen mit unterschiedlichen Sprach- und Lernkompetenzen empfiehlt es sich zudem, sprachstärkere mit sprachschwächeren Kindern arbeiten zu lassen. Dies ist eine Win-Win-Situation für die Kinder: Sprachgewandte können sich sprachlich behaupten und sich aktiv mitteilen. Gleichzeitig können sie von den sozialen Kompetenzen ihres Kameraden profitieren. Das sprachschwache Kind kann zunächst eine beobachtende Rolle einnehmen und nach und nach selber sprachproduktiv handeln, indem es sich aktiv mitzuteilen beginnt. Die Arbeit zu zweit kann die Kinder mit geringen Deutschkenntnissen überfordern, weil sie die Handlungen und Aufträge sprachlich noch nicht verstehen und entsprechend auch nicht verbalisieren können. Aufgrund des Herausforderungsgrades empfehlen sich ein didaktisch umsichtiges Vorgehen, viel Geduld und verschiedene Übungen, die jedes Kind zum Handeln anregen. Vor allem die Kinder im ersten Kindergartenjahr und jene nichtdeutscher Erstsprache brauchen Sprachübungen, die am Anfang einfach sind und schrittweise anspruchsvoller werden.

Festigung des gelernten Wortschatzes und Erweiterung desselben durch zusätzliche Wörter: Die Arbeit am Wortschatz nimmt in dieser Sequenz die Festigung bislang gelernter Wörter und deren Ergänzung durch weitere thematisch relevante Wörter in den Blick. Kamen beispielsweise Wörter wie etwa *Zitrone, Zwiebel, Brezel, Kirsche, Pilz, Pflaume* usw. bisher noch nicht vor, stellt die Lehrperson diese als laminierte Kärtchen, Kunststoffprodukte oder in Original zur Verfügung und lässt die Kinder damit ihr Wortrepertoire erweitern. Sie ermutigt die Kinder, davor gelernte Wörter aufzugreifen und damit Gespräche in einem möglichst variierten Wortschatz zu veranlassen. Durch die Kombination des bereits Gelernten mit neuem Inhalt festigen und erweitern sie ihren Wortschatz und ihr Sachwissen.

Visualisierungsmittel können den Wortschatzaufbau erleichtern und den Weg zur Schriftlichkeit unterstützen. Beispielsweise liegen auf farbigen Tüchern auf dem Boden verschiedene Obst- und Gemüsesorten als laminierte Kärtchen, aus Plastik bzw. Kunststoff oder als echte Produkte. Rund um die Lebensmittel befinden sich Kartonteller mit je einem Buchstaben darin. Die Kinder können nun die Namen der Früchte- und Gemüsesorten nennen, deren Form, Farbe und Grösse beschreiben, die Jahreszeit und den Ort, wo und wie sie wachsen, schildern und diese anschliessend in einen Teller mit dem entsprechenden Anfangsbuchstaben legen (z.B. den Maiskolben in den Teller mit dem Buchstaben /M/).

Kinder ordnen die Früchte- und Gemüsesorten entsprechenden Buchstaben zu

Hinweis: Buchstaben und Bilder zu verbinden, kann für manche Kinder in diesem Alter anspruchsvoll sein. Hier ist eine umsichtige Heranführung der Kinder an Übungen dieser Art notwendig. Auch die Fähigkeit, zu erkennen, mit welchem Laut ein Wort beginnt, welcher Laut in der Mitte desselben Wortes steht oder mit welchem Laut es endet, ist bei vielen Kindern des ersten Kindergartenjahres und bei jenen mit Deutsch als Zweitsprache noch nicht abgeschlossen und erfordert gut geplante sowie regelmässige Übungssequenzen, die in den Kindergartenalltag eingebettet sind und jeweils rund fünf Minuten dauern.

Um die Geschichte immer wieder zu wiederholen und dabei auch die Bilder zu zeigen, sollte das Bilderbuch herangezogen werden. Damit wird eine visuelle Lernsituation ermöglicht, in der die Kinder das Bild mit dem Gesprochenen verknüpfen können. Dies verspricht einen zusammenhängenden Aufbau des Wortschatzes und der Erzählkompetenz. Dasselbe gilt hinsichtlich des Handpuppeneinsatzes. Für viele Kinder ist es ansprechender, wenn man den Sprachinhalt in eine Geschichte verpackt. Es geht lebendiger zu und her, wenn die kleine Raupe (die Puppe) die Kinder etwas fragt, von ihnen etwas wissen will oder ihnen etwas erzählen möchte.

Übungen zum Aufbau der Lautsprachkompetenz: Obige Wortschatzübung liefert wertvolle Hinweise auf die phonologische Bewusstheit eines Kindes und wird deshalb hier erneut aufgegriffen, allerdings unter dem Aspekt der Lautsprache. Wie auf dem obigen Foto zu sehen ist, hat ein Kind die rote Peperoni in den Teller mit dem Buchstaben /B/ gelegt. Einige Kinder ordneten bei dieser Übung das Pilzkärtchen dem Buchstaben /B/ zu. Aufgrund dieser Beobachtungen greift die Lehrperson die entsprechenden Wörter auf und übt diese mit den Kindern: Zuerst wiederholt sie alle Antworten der Kinder langsam und zerlegt diese in Silben: *Pilz, Pe-pe-ro-ni, Zi-tro-ne, schla-fen, schlüp-fen* (phonologische Bewusstheit im engeren Sinn). Gleichzeitig klatschen alle zusammen in die Hände.

Um die Aufmerksamkeit der Kinder auf wichtige Wörter rund um eine Wortfamilie (z.B. *Obst*) zu lenken, will die *Raupe* wissen, ob sie nun alle gelernten Wörter in Silben zerlegt hätten? Die Kinder sind durch diese Frage aufgefordert, über die Wörter aus der entsprechenden Wortfamilie nachzudenken und sich zu Wort zu melden. Ein Kind macht beispielsweise darauf aufmerksam, dass sie die grosse Sonne im Bilderbuch noch nicht genannt hätten. Die Kinder sprechen dieses Wort in Silben auf (*Son-ne*) und klatschen gleichzeitig in die Hände.

Um die Konzentration der Kinder zu unterstützen, baut die Lehrperson bei dieser Sequenz nach etwa fünf Minuten ein Bewegungsspiel ein und singt mit den Kindern ein Lied, das sie aus ihrem Repertoire kennen. Die Sequenz wird mit einem Sprechvers abgerundet. Hier ein Beispiel:

Vers

Ich bin die Raupe und bin niemals satt,
ich hätte gern ein grünes Blumenblatt.
Ich liebe so sehr Kuchen,
du musst ihn mal versuchen.

Dieselben Wörter werden nun in dieser angeleiteten Sequenz in Laute zerlegt (segmentiert). Die *Raupe* fragt, mit welchem Laut das Wort *Apfel* beginnt, hebt gleichzeitig das Kärtchen mit dem Apfel darauf hoch und lautiert es. Dasselbe wird mit weiteren Wörtern aus der Wortfamilie Obst und/oder Gemüse wiederholt (phonologische Bewusstheit im engeren Sinn). Die Kinder sprechen die durch die *Raupe* lautierten Wörter nach: *A-p-f-e-l, P-i-l-z, K-a-r-o-tt-e*. Bei dieser Übung hält die *Raupe* die jeweiligen Buchstaben hoch und fragt zum Beispiel: «Welches Wort beginnt mit einem /M/»? Falls keine Antwort kommt, hilft sie mit einer ergänzenden Frage wie diese: «Wer wohnt Zuhause, beginnt mit /M/, und ihr habt sie sehr lieb»? Antwort: «Mama».

Daraufhin fordert die *Raupe* jedes Kind auf, sich einen Buchstaben und ein passendes Lebensmittel dazu auszusuchen. Nimmt beispielsweise ein Kind den Buchstaben /B/ und nennt ein passendes Wort dazu, z.B. *Brot*, melden die zuhörenden Kinder ihrem Kameraden zurück, ob das Wort und der Anfangslaut, die er gerade genannt hat, übereinstimmen. Die *Raupe* hat dabei die Rolle der Prüfinstanz und gibt bei Abweichungen dem jeweiligen Kind Gelegenheit, sich selbst zu korrigieren und herauszufinden, ob beispielsweise das Bild mit dem Pilz darauf und der entsprechende Buchstabe /P/ übereinstimmen (eine Buchstabenvorlage findet sich im Anhang).

Stimmen die Namen der Früchte- und Gemüsesorten mit den Buchstaben überein?

«Nun reden wir nochmals darüber, welche Lebensmittel gesund und welche ungesund sind», informiert die *Raupe*. Ziel ist es, den Kindern Sprechgelegenheiten zu ermöglichen und sie zur Selbstkorrektur zu ermutigen, während sie ein Lebensmittel nennen und über gesunde oder ungesunde Lebensmittel diskutieren.

Die Unterschiede zwischen den Lauten zu erkennen, gehört ebenfalls zum Üben der phonologischen Bewusstheit im engeren Sinn. Die *Raupe* und die Kinder sprechen über den Unterschied zwischen /P/ und /B/ oder /D/ und /T/. Beispielsweise spricht die *Raupe* ein klares /P/ und /B/ (nicht *PE*, sondern *Peh*). Die Kinder sprechen ihr nach und merken, dass es sich an den Lippen anders anfühlt, wenn man /P/ oder /B/ spricht: /P/ wird stärker betont als /B/.

Die nächste Übungssequenz dient der Vertiefung. Die *Raupe* verteilt Lebensmittel aus Kunststoff auf verschiedene Tische und lässt die Kinder zu dritt weiterüben. Abwechselnd suchen sie ein Lebensmittelprodukt aus und fragen sich gegenseitig, mit welchem Buchstaben es beginnt. Falls keines der Kinder einer Gruppe den Namen eines Produkts (z.B. /B/ für Brokkoli) kennt, bitten sie die Kinder anderer Gruppen oder die *Raupe* um Hilfe. Farbe, Geschmack, Form sind weitere Übungsmöglichkeiten der Wortsegmentierung. Sobald ein Kind den Buchstaben und das Kärtchen mit dem entsprechenden Bild richtig erraten hat, legt es diese auf seinen Teller. Kinder, die alle passenden Lebensmittelkärtchen zu ihrem Buchstaben gefunden haben, erhalten von der *Raupe* einen neuen Teller oder übernehmen die Expertenrolle und helfen einer anderen Gruppe.

Vertiefung der phonologischen Bewusstheit

Stellt jedoch die *Raupe* fest, dass ein Lebensmittelprodukt einem falschen Buchstaben zugeordnet wurde – auf dem obigen Foto wurde beispielsweise der *Pilz* dem Buchstaben /B/ zugeordnet – erklärt sie den Unterschied zwischen dem Lippenlaut /B/ und /P/, indem sie die Kinder auffordert, ihre Handfläche vor dem Mund zu halten und die beiden Laute aufzusagen. Die Kinder merken dabei, dass sie beim Laut /P/ ihre Lippen fester zusammenpressen müssen als beim Laut /B/.

Feinen Unterschied zwischen ähnlich klingenden Lauten herausfinden

Variante: Die 'grossen' Kindergartenkinder können Lautieren sowie Silbenklatschen kombiniert wiederholen und festigen. Die Kinder legen zuerst so viele Biella-Chips zu den Lebensmittelkärtchen hin, wie sie klatschen. Realisieren sie beim Klatschen, dass die Anzahl Chips mit den tatsächlichen Silben des Lebensmittelprodukts (z.B. *Zwie-bel*) nicht übereinstimmt, korrigieren sie sich. Durch die Beobachtung kann sich die *Raupe* dabei einen Überblick verschaffen, welches Kind wo in der Lautsprache steht und wie sie diese mit weiteren Spielübungen individuell unterstützen kann.

Hinweis: Die Erprobung dieser Praxiseinheit hat gezeigt, dass Lautieren für viele Kinder neu ist und regelmässige Wiederholungen erfordert, die in kurzen Übungssequenzen von ca. fünf Minuten stattfinden sollten.

Üben der Lautsprache

Als Abschluss gönnen sich die Kinder eine Bewegungsrunde im Stuhlkreis und sagen dabei einen Vers oder ein Gedicht auf und/oder singen ein Raupenlied. Als Beispiel folgt ein Gedicht, das sich auch als Lied oder Reim eignet:

Die kleine Raupe
Die kleine Raupe liebt Lolipop,
wenn sie zu viel nascht, sagt ihr Bauch Stopp!
Wenn die kleine Raupe hungrig ist,
sucht sie Gemüse und frisst und frisst.
Sie frisst Gurken und liebt auch Getreide wie eine Maus,
endlich wird sie satt und schläft im Haus.
Dann fliegt ein Schmetterling heraus,
der so klein ist wie eine Fledermaus.

6.4 Raupen aus Papier gestalten und zählen

Sozialform:	Einzelarbeit, Partnerarbeit, Gruppenarbeit
Kompetenzstufe:	II, III
Kompetenzen:	Die Kinder können ihre kreativen und feinmotorischen Fähigkeiten weiterentwickeln, ihre Sprachfähigkeit in den Bereichen Wortschatz und Lautsprache erweitern, ihre mündlichen, schriftlichen und mathematischen Fähigkeiten erweitern.
Material:	Musik-CD mit Liedern, WC-Rollen, Karton, Schere, Pfeifenreiniger, Wackelaugen, Farbe, Pinsel, Plastikteller, Leim, Früchte- und Obstkärtchen, Würfelkärtchen, Kärtchen, Arbeitsblätter (kopiert), Bleistifte, Farbstifte, farbige Spielplättchen, Würfel

Möglicher Ablauf: Als Einstieg erzählt die *Raupe* einen weiteren Teil der Geschichte. Die Kinder hören zunächst aufmerksam zu, wie die Geschichte weitergeht. Daraufhin reagieren sie, indem sie sich aktiv mit dem Gehörten auseinandersetzen. Von sich aus geben (rekonstruieren) sie das Gehörte wieder und nehmen spontan Bezug auf vorhergehende Inhalte, die sie behandelt haben. Somit verknüpfen sie neu gelernte Inhalte mit ihrem Vorwissen (Konstruktion). Beispielsweise nennen sie verschiedene Wörter wie etwa *Erdbeere, Orange (Apfelsine), Apfel, Blatt, Raupe, Birne, Gurke, Käse* und halten fest, dass die *Raupe* diese Produkte besonders gern mag. Sie beziehen sich zudem auf den Ernährungsplan, den sie für die Raupe erstellt haben.

Die Raupe nutzt diese lebendige Interaktion der Kinder und spornt sie mit W-Fragen an, von der Lebensweise und dem Ernährungsverhalten der Raupen zu erzählen. Sie erzählen eine Menge dazu und beschreiben z.B. den Entwicklungsprozess der Raupen, die sie im eigenen Kindergarten züchten.

Nach dieser anregenden Erzählrunde hören die im Stuhlkreis sitzenden Kinder plötzlich, wie die im Korb schlafende *Raupe* leise schnarcht. Sanft wecken sie die schnarchende *Raupe*.

Die schnarchende Raupe wird geweckt

Leicht verschlafen, begrüsst die geweckte *Raupe* die Kinder und bittet sie, ihr eine schöne Geschichte zu erzählen. Sie sind motiviert, der *Raupe* eine Geschichte zu erzählen und reagieren entsprechend positiv.

Die *Raupe* nutzt diese Gelegenheit didaktisch und hält die Kinder dazu an, zu dritt zu besprechen, was alles in der Geschichte vorkommen soll (DEV-Lernmethode: denken, sich austauschen, vorstellen). Jede Gruppe darf die Geschichte individuell gestalten. Nach rund zehn Minuten kommen alle wieder in den Stuhlkreis zurück und erzählen der zuhörenden *Raupe* eine kurze Geschichte. Die *Raupe* dankt den Kindern für die schönen Geschichten und geht wieder in den Korb zurück, um sich auszuruhen. Sie wird mit einem Lied aus der Liedersammlung (ab CD) verabschiedet.

Kinder verraten der kleinen Raupe, dass sie bald ein Schmetterling wird

In der darauffolgenden Sequenz dürfen die Kinder kreativ sein und eine *Raupe* aus Papier herstellen.

Hinweis: Da einzelne Kinder keiner Schablone folgen oder keine Linien entlang schneiden und deshalb die Geduld verlieren können, hilft die Lehrperson bei Bedarf. Zudem soll die Raupe in Arbeitsetappen gestaltet werden. Auch können die Kinder alleine nicht abschätzen, wieviel Farbe sie für das Anmalen der eigenen Raupe brauchen. Deshalb sollte die Lehrperson helfen und ihnen die Farbenmenge zur Verfügung stellen.

Nun stellt die Protagonistin *Raupe* jedem Kind das Material bereit: zwei bis vier WC-Rollen, Schere, Pfeifenputzer, Hartpapier, Wackelaugen, Pinsel, Farbbehälter – die Farben erhalten die Kinder im letzten Arbeitsschritt. Bevor sie mit der konkreten Umsetzung der Aufgabe beginnen, werden sie dazu angehalten, sich zu zweit auszutauschen, wie man mit dem vorhandenen Material eine *Raupe* kreieren könnte. In dieser Austauschphase sammeln sie Ideen für verschiedene Umsetzungsvarianten.

Ideensammlung und Probieren verschiedener Varianten einer Raupenherstellung

Die Kinder halbieren die Rollen mit der Schere. Auf den Karton zeichnen sie mit oder ohne Hilfe einer Schablone einen Kreis für das Gesicht der Raupe und zwei Fühler. Dann schneiden sie alle Teile mit der Schere aus. Nachdem sie diese Schritte durchgeführt haben, suchen sie sich Farben aus, um ihre *Raupe* anzumalen. Die Farben stehen auf einem Plastikteller zur Verfügung. Mit einem Pinsel malen die Kinder den Körper (WC-Rollen) und das Gesicht der *Raupe* an. Sobald alle Teile trocken sind, kleben sie diese mit Leim zusammen.

Endprodukt

Vorletzte Phase der Raupenherstellung

Übungen zur Erweiterung des Wortschatzes: Die Produkte der Kinder werden in dieser Wortschatzsequenz präsentiert und besprochen. In der Erpobungsphase zeigte sich, dass sprachgewandte Kinder Wörter wie *Fühler, Körper, Kopf, Augen, Mund, Nase, Pinsel* und natürlich die Farben, die zu den Schlüsselwörtern dieser Sequenz zählen, gut kennen. Im Gegensatz dazu können Kinder mit geringen Deutschkenntnissen diese Wörter nicht souverän anwenden. Angesichts dieser Tatsache empfiehlt sich hierzu folgende Vorgehensweise: Zuerst präsentieren die sprachkompetenten Kinder ihr Produkt und verbalisieren dessen Entstehungsprozess. Diesen Kindern erteilt die *Raupe* einen nächsten, anspruchsvolleren Auftrag. Sie sollen versuchen, Wortketten zu bilden, indem sie jeweils mit dem letzten Laut eines Wortes aus dem Thema, aber auch darüber hinaus ein neues Wort bilden. Beispiel: ***Raupe – Erdbeere – Erdpilz – Zitrone – Elefant – Traube*** usw. Übungen dieser Art ermöglichen den 'Sprachfüchsen', über die Sprache nachzudenken. Allerdings sind Wortbildungsübungen dieser Art für dieses Alter anspruchsvoll.

Mit den sprachlich unsicheren Kindern betrachtet die *Raupe* zunächst die erarbeiteten Produkte. Anschliessend ermutigt sie diese Kinder, die Körperteile ihrer Raupen zu benennen (*Augen, Mund, Nase, Fühler, Kopf, Körper der Raupe*) und möglichst in vollständigen Sätzen zu erzählen, was sie sonst noch zu diesen Teilen der *Raupe* und deren Farben sagen möchten.

Lautsprachübungen: Zunächst werden die eingeführten Wörter in Silben zerlegt und durch Händeklatschen begleitet. In einem nächsten Schritt reimen die Kinder diese Wörter mit anderen Wörtern, die sie kennen. Beispiel: *Rolle-Wolle, Kopf-Topf, Mund-Hund, Nase-Hase, Fühler-Kühler* usw. (phonologische Bewusstheit im weiteren Sinn). Beim Reimen müssen also nicht zwingend nur Wörter rund um das aktuelle Thema vorkommen. Im Gegenteil, auch Wörter, die nicht mit dem gerade behandelten Thema zusammenhängen, sind wertvoll für das Sprachgefühl und den Wortschatzaufbau der Kinder.

Diese Sequenz wird durch ein Würfelspiel ergänzt: Die Kinder erhalten zu zweit einen Raupenkopf (Schablone). Ein Kind würfelt, das andere legt so viele farbige Plättchen an den Raupenkopf, wie das andere gewürfelt hat. Dasjenige Kind, das gewürfelt hat, überprüft die Lösung. Kinder, welche die Zahlen von eins bis zehn bereits kennen, nehmen einen zweiten Würfel, zählen die gewürfelten Zahlen zusammen und legen entsprechend viele Plättchen an den Raupenkopf. Am Schluss des Spiels entsteht eine schöne, farbige Raupe.

Eine Reim- und Bewegungssequenz wie die nachstehende rundet das Spiel ab:

Eine Raupe oder ein Schmetterling, was ist echt?
Du musst einfach schauen, vielleicht hast du Recht.

Didaktischer Hinweis: Das Reimspiel kann mit anderen Tiernamen weiterentwickelt werden. Die Kinder sollen sich jeweils für etwas entscheiden. Je nach Tier braucht es andere Bewegungen: auf dem Stuhl stehen, auf dem Boden sitzen, ein Bein anheben usw. Danach wird die Scheibe gedreht.

Würfelspiel (Scheibenspiel)

Analog zur vorherigen Aktivität 2 zerlegen (segmentieren) die Kinder die gelernten Wörter in Einzellaute und üben die Anfangs-, Zwischen- und Endlaute gelernter Wörter (Lautbewusstheit im engeren Sinn). Zudem sollen sie hier auch den Lautunterschied erkennen: Sagt man *Karotte* oder *Kalotte*? ***R**aupe* oder ***L**aupe*? Übungen dieser Art können das Interesse der Kinder wecken und sie für die Facetten der Lautsprache sensibilisieren.

6.5 Raupen zählen – ein Kinderspiel

Sozialform:	Einzelarbeit, Partnerarbeit, Gruppenarbeit
Kompetenzstufe:	II, III
Kompetenzen	Die Kinder können Ihre auditiven, mündlichen, schriftlichen und mathematischen Fähigkeiten erweitern.
Material	Bilderbuch «Die kleine Raupe Nimmersatt», Früchte- und Obstkärtchen, Zahlkärtchen, Kärtchen mit Würfelpunkten, Arbeitsblätter (kopiert), Bleistifte, Farbstifte

Möglicher Ablauf: Die vorliegende Sprachaktivität hängt mit den bisherigen zusammen und stellt insbesondere eine Fortsetzung der vorhergehenden Sprachübungen dar (siehe Abschnitt 6.4). Zu Beginn erzählt die *Raupe* den letzten Teil der Geschichte. Nach diesem Einstieg legt sie Früchte- und Gemüsekärtchen in Reihen auf den Boden. Daneben liegen auf dem Boden Kärtchen mit Zahlen sowie Würfelpunkten (Kopiervorlagen dazu finden sich im Anhang).

Die Kinder zählen zuerst die Früchte und Gemüsesorten der jeweiligen Reihen und nennen deren Gesamtmenge. Gleichzeitig zeigen sie mit hochgehobenen Fingern, wie viele Früchte oder Gemüsesorten die Reihe hat. Danach legen sie die entsprechende Karte mit den Würfelpunkten und der richtigen Zahl hin. So haben sie nicht nur gezählt und mit dem Hörsinn die jeweilige Zahl wahrgenommen, sondern die Menge immer auch visuell vielseitig betrachtet: Zahl, Würfelbild, Anzahl Früchte, Finger. Ein weiteres Ziel dieser Übung ist die Verbalisierung von Zahlen, des Sachwissens und des Wortschatzes.

Die *Raupe* hört dabei gut zu und überprüft, ob die Kinder richtig gezählt haben und ob sie die Karten mit der richtigen Zahl und den richtigen Würfelpunkten hinlegen.

Verbinden von Früchte- und Gemüsemengen mit Zahlen

Als Fortsetzung erhalten die Kinder in einem nächsten Auftrag ein Arbeitsblatt (s. Anhang) und die Aufgabe, in Einzelarbeit die Körperteile der Raupe auf den rechten Feldern des Arbeitsblattes zusammenzuzählen und diese auf den gegenüberliegenden Feldern des Blattes nachzuzeichnen. Diejenigen Kinder, die bereits die Zahlen schreiben können, schreiben zusätzlich die entsprechende Zahl auf das Blatt. Ob sie beim Zählen ihre Finger, den Bleistift oder sonst ein anderes Hilfsmittel heranziehen, ist ihnen überlassen.

Zählen, malen und schreiben

Am Schluss präsentieren die Kinder ihre Ergebnisse im Plenum. Diejenigen von ihnen, die gerade präsentieren, dürfen auf dem Stuhl stehen. Während die Kinder berichten, wie viele Kreise sie geschrieben oder gezeichnet haben, hören die anderen aufmerksam zu, stellen anschliessend Fragen und/oder geben eine positive Rückmeldung zum präsentierten Blatt.

Präsentieren und üben

6.6 Raupen stempeln – Fingerabdruck

Sozialform:	Einzelarbeit, Gruppenarbeit
Kompetenzstufe:	I, II
Kompetenzen:	Die Kinder können ihren Wortschatz vertiefen, ihre Sprechkompetenz aufbauen, gestalterisch handeln.
Material:	Malpapier, Stempelkissen, Farbstifte, Wasserfarbe, Pinseln

Möglicher Ablauf: In der Einstiegssequenz dieser Sprach- und Spielaktivität wird der bisher gelernte Wortschatz vertieft. Eine Vertiefung des Wortschatzes und die Wiederholung eines behandelten Inhalts sind deshalb sinnvoll, weil gelernte Wörter in der Regel mehrmals in verschiedenen Zusammenhängen verwendet werden müssen, bis sie im Langzeitgedächtnis haften bleiben.

Bei solchen sprachlich-inhaltlichen Vertiefungen reagieren die Kinder erfahrungsgemäss spontan und verwickeln sich in eine lebhafte Diskussion. Ein Junge beschreibt z.B. die Lebensgeschichte der kleinen *Raupe* wie folgt: «Die Raupe wird ein Schmetterling. Und wenn die Sonne aufgeht, macht der Schmetterling seine Flügel auf. Dann kann er fliegen». Während es erzählt, bewegt es seine Arme wie ein fliegender Schmetterling. Ein Mädchen, das ebenfalls in die Diskussion involviert ist, meint: «Der Schmetterling fliegt zu mir und will mit mir spielen! Hilfe, der Schmetterling kommt!»; alle Kinder lachen. Die Raupe greift diesen Satz auf und sagt: «Kinder, der Schmetterling kommt, wollen wir ein Schmetterlingslied singen»? Alle bewegen sich und singen gemeinsam:

Schmetterling, du kleines Ding,
wo bist Du?
Hier bin ich, hier bin ich,
und wo bist Du?

Sprechanlässe dieser Art, die auch Bewegung und Singen integrieren, sind wertvoll für die bildungssprachliche Kompetenz und sollten ihren festen Platz auf der Eingangsstufe haben.

Nach dieser Sprechsequenz kündigt die *Raupe* an, dass die Kinder nun Raupen mit Wasserfarben und Fingerabdrücken malen dürfen. Bevor es richtig losgeht, zeigt sie vor, worauf die Kinder beim Malen mit Wasserfarben achten oder wie sie die Pinsel waschen und versorgen sollen. Zudem erklärt sie, wie das Stempelkissen funktioniert und weist auf die Malblätter und die Farben hin, die auf den Tischen bereitstehen. Sie gibt auch Impulse, wie die Kinder beim Malen vorgehen könnten.

Nach diesen Informationen verteilen sich die Kinder an den Tischen und malen: Sie tauchen ihre Finger in eine Farbe ein, streichen mit dem Pinsel die

Farbe auf ihre Handfläche und stempeln zuerst den Kopf der *Raupe*. Danach suchen sie sich weitere Farben aus und stempeln den Körper der *Raupe*. Am Schluss zeichnen sie mit den Farbstiften die Fühler und Augen ihrer *Raupe*. Nachdem sie die Raupe gemalt haben, können sie die Umgebung aufzeichnen, in der sich ihre *Raupe* befindet.

Raupen stempeln

Variante: Die Kinder suchen sich Farben für den Körper, den Kopf und die Fühler der *Raupe* aus. Sie malen ihre Handfläche mit einer Farbe an und die Finger mit einer anderen (ausser dem Daumen). Sie stempeln beliebig viele Handabdrücke nebeneinander, um den Körper der Raupe darzustellen. Danach waschen sie sich die Hände und malen noch den Kopf und die Fühler. Während sie stempeln, tauschen sie sich aus und erzählen, was sie nun als Nächstes tun möchten.

Individuelles Stempeln einer Raupe

Am Schluss berichten die Kinder über ihre Produkte, die sehr individuell sind. Interessant sind bei solchen kreativen Arbeiten die vielfältigen Vorstellungen der Kinder: Sie interpretieren die Raupengeschichte auf ihre Weise.
Derartige kommunikativ-erzählerische Situationen gehen lebendig vonstatten und sind förderlich für die Sprachkompetenz und die ästhetische Wahrnehmung der Kinder.

Kinderprodukte: Eine Ausstellung

Hinweis: Kinder, die keine Erfahrung mit Wasserfarben haben, brauchen am Anfang Betreuung. Es ist deshalb von Vorteil, wenn diese Kinder vorgängig erfahren, wie sie mit Wasserfarben umgehen sollen.

Festigung des Wortschatzes: Die Kinder beschreiben die verschiedenen Körperteile der Raupe: *Füsse, Kopf, Augen, Fühler*, nennen und beschreiben die verschiedenen Farben, die sie bei dieser Aktivität verwendet haben, erzählen verschiedene Raupengeschichten und vertiefen dabei ihren Wortschatz.

Ausbau der lautsprachlichen Kompetenz: In verschiedenen Varianten üben die Kinder verschiedene Wörter, die sie in den bisherigen Aktivitäten kennengelernt haben. Sie sprechen die Wörter leise, laut, schnell, langsam und gedehnt aus.

Zudem wiederholen sie die Anfangs-, Zwischen- und Endlaute ausgewählter Wörter, die sie während der ganzen Sprachfördereinheit gelernt haben und festigen dabei auch die phonologische Bewusstheit im engeren Sinn.

Bewegungsspiel als Ergänzung

Ergänzend zu den Wortschatz- und Lautsprachaktivitäten spielen die Kinder das 'Raupenbewegungsspiel', das sich auf «Die kleine Raupe Nimmersatt» bezieht: Alle sitzen im Stuhlkreis. Jedem Kind wird eine Frucht zugeteilt. Die *Raupe* oder ein Kind nennt eine Frucht oder einen Körperteil der *Raupe*, während die anderen Kinder möglichst schnell den Platz wechseln. Ruft beispielsweise die *Raupe* bzw. das Kind *Fruchtsalat*, *Raupe* usw., müssen alle anderen den Platz wechseln.

Abschluss des Themas

Als Abschluss backen die Kinder aus Brotteig kleine *Raupen*. Sie rollen den Teig zuerst in kleine Bällchen. Dann reihen sie drei bis vier Bällchen aneinander, um den Körper der Raupe zu formen. Daraufhin können sie mit grüner Lebensmittelfarbe die Raupe anmalen und etwas Streusel über die Raupe streuen. Für die Augen verwenden sie Rosinen. Die knusprig gebackenen Raupen geniessen die Kinder als 'Znüni' oder 'Zvieri'. Guten Appetit!

Selbstgebackene Raupen

Zusammenfassung und Ausblick

Als traditionelles Medium ermöglicht das Bilderbuch Kindern, ihre Erfahrungen und Phantasiewelt visuell, sprachlich, ästhetisch und kognitiv wahrzunehmen und zu entfalten. Bilder und Kurztexte tragen zum Wortschatzaufbau bei, der als zentrale Ressource aller Lernbereiche gilt. Zudem festigen sie ihre lautsprachliche Kompetenz.

Ausserdem stellt das Bilderbuch eine Brücke zum Lesen und Schreiben (Schriftlichkeit) dar. Dank dem Bilderbuch 'erfinden' die Kinder sozusagen die Schrift neu. Bevor sie die Laut-Buchstaben-Korrespondenz herstellen und dadurch lesen und schreiben lernen, entwickeln sie schriftsprachliche Fähigkeiten durch Bilder und Symbole, die hieroglyphenähnlich sind. Sie folgen dabei eigenen Hypothesen hinsichtlich der Beziehung zwischen Zeichen und Bedeutungen und schreiben zunächst vorwiegend Konsonanten. Vokale, Schreibrichtung oder Wortanfänge spielen in dieser Phase für sie noch keine Rolle (Brügelmann/Brinkmann, 2005).

Bilderbuchtexte, aber auch kurze Geschichten, Märchen und Fabeln können als Impuls zum spielerischen Ausdruck genutzt werden. Die Kinder können dadurch jene Aspekte aufgreifen, die für sie bedeutsam sind und die sie im Plenum vorstellen möchten. Hierbei können sie Requisiten anwenden und ihren sprachlichen Ausdruck durch Mimik, Gestik und Stimmlage unterstützen.

Die Visualisierung hilft den Kindern, die Schriftgestaltung, deren Funktionen sowie inhaltliche Informationen des Bilderbuchs zu erschliessen und so auch ihr Wissen zu verschiedenen Lebensbereichen auszuweiten.

Die Perspektivenvielfalt der Bilderbücher regt die Kinder zum Fragen an, hilft ihnen, den Alltag zu bewältigen, spornt an, neugierig an der hiesigen Informationsgesellschaft teilzuhaben und erleichtert es ihnen, durch ästhetische Wahrnehmungsweisen die Lebenswelt mit verschiedenen Sinnen zu erleben.

Bilderbücher fördern zudem die Empathie- und Phantasiefähigkeit sowie weitere überfachliche Kompetenzen der Kinder: Sie haben beispielsweise Mitleid mit dem am Fuss verletzten Osterhasen und überlegen sich, wie sie diesen pflegen und ihm das verletzte Bein binden können. Oder sie erstellen eine Einkaufsliste für die Raupe, die nie satt wird, bis daraus ein Schmetterling wird. Es entstehen direkte und spannende Dialoge zwischen dem Kind und der Bilderbuchgeschichte, was wiederum förderlich für den Wortschatz der Kinder ist.

In der Regel lassen sich alle Bilderbücher anhand einer Handpuppe, eines Stoff-, Holz- oder Kunststofftieres, einer Knetmasse oder durch die Kinder selbst als 'Mitspielende' beleben und nachspielen. Erfahrungsgemäss macht es Kindern Spass, ein eigenes oder gemeinsames Bilderbuch herzustellen. Dabei entwickeln sie ihre Kreativität, Mal- und Schreibkompetenz. Zusammen mit den Kindern kann die Lehrperson eine Kinderbuchgeschichte auswählen und daraus ein

Tischtheater improvisieren. In der Anfangsphase begleitet die Lehrperson die Geschichte mit Spielfiguren; sie erzählt die Geschichte und bewegt die Figuren. In dieser Phase reagieren die Kinder beim Zuschauen mit Körperbewegung, Mimik, Gestik und spontan auch mit Kommentaren. In einer nächsten Phase übernehmen sie die Aufgabe und setzen die Bilderbuchgeschichte als Theaterspiel um.

Musik, Tanz und Bewegung als begleitende Aktivitäten einer Geschichte gehören ebenfalls zum Eingangsstufenalltag. Hierfür kann die Lehrperson ein Liederbuch oder eine Lieder-CD heranziehen. Die Kinder singen und begleiten dies mit Mimik, Pantomime, rhythmischen Bewegungen usw. Zudem können die Kinder ermutigt werden, eigene Melodien zu einem Liedtext zu erfinden und umgekehrt. Ob in deutscher oder in einer anderen Sprache gesungen wird, ist zweitrangig, denn alles hilft, um die sprachliche, auditive und motorische Fähigkeit aufzubauen und somit auch die bildungssprachliche Kompetenz weiterzuentwickeln.

Reime, Verse, Gedichte aufzusagen, ist eine weitere Sprachfördermöglichkeit, die Bilderbücher anbieten. Die Kinder bauen dabei ihre Hemmungen ab und sprechen lustvoll und rhythmisch. Sie lachen, wenn sie Wörter drehen, bewegen ihre Finger, während sie reimen, gestikulieren, zerlegen die Wörter in Silben, Einzellaute u.a.m.

Malen kommt als wichtige Komponente der Feinmotorik, ästhetischen Bildung und Sprache hinzu. Die Beschreibung eigener Bilder als Katalysator für Gruppengespräche sollte ihren festen Platz auf der Eingangsstufe haben.

Gestalten trägt zur Fingergeschicklichkeit bei und hat ebenfalls eine lange Tradition im Kindergarten. Ähnlich wie beim Malen erhalten die Kinder auch hier die Möglichkeit, ihren gestalteten Gegenstand sprachlich zu beschreiben, wie die Aktivitäten in diesem Kapitel zeigen.

Geburtstage und Feste zu feiern, ist ebenfalls eine gute Gelegenheit, die Kinder sich freudvoll ausdrücken zu lassen. Die Kinder freuen sich auf solche Rituale und kommen gern in den Kindergarten, was zu einen Qualitätssiegel des Kindergartens werden kann.

Es empfiehlt sich zudem, Eltern, Grosseltern oder Verwandte der Kinder einzuladen und in gemütlich eingerichteten Leseecken als Gastvorleser/innen Bilderbücher vorstellen zu lassen, die sie z.B. aus der eigenen Kindheit in guter Erinnerung haben. Die Vorleser/innen erzählen bzw. lesen die Bilderbuchgeschichten spannend vor und lassen sie durch variierte Stimmgebung (z.B. hohe, tiefe Stimmlage, leise, laut, schnell, langsam, in näselndem Ton) lebendig werden. Dies kann zusätzlich zum Inhalt dazu beitragen, dass die Kinder besonders aufmerksam zuhören.

7 SPRACHE, KUNST, BILD UND GESTALTEN: AM BEISPIEL DER FARBENWELT

Lernfeld	Sprache(n)	Zyklus 1: Schwerpunkt Kindergarten, Grundstufe, Basisstufe
Kompetenzen	Anmerkung: Grundsätzlich gelten alle im Kapitel 6 hervorgehobenen Kompetenzen aus dem Bereich Deutsch auch in diesem Kapitel. Als themaspezifisch werden hier zusätzlich folgende Kompetenzen aus dem Lehrplanbereich Bildnerisches Gestalten ausgewählt. **Wahrnehmung und Kommunikation: BG.1** *A Wahrnehmung und Reflexion* 2. Die Kinder können Bilder betrachten und darüber diskutieren. a. Die Kinder können von ihren bildhaft anschaulichen Vorstellungen erzählen. *B Präsentieren und dokumentieren* 2. Die Kinder können ihre bildnerischen Prozesse und Produkte präsentieren. a. Die Kinder können ihren Bildern Bedeutung geben und darüber sprechen. **Prozesse und Produkte: BG.2** *A Bildnerischer Prozess* 2. Die Kinder können eigenständig Bildideen alleine oder in Gruppen entwickeln. b. Die Kinder können aus ihrer Fantasie- und Lebenswelt Ideen zu Themen wie Natur, Kultur und Alltag entwickeln (z.B. Schriften, Geschichten, Mensch). *B Bildnerische Grundelemente* 2. Die Kinder können die Wirkung bildnerischer Grundelemente für ihre Bildidee nutzten. a. Die Kinder können mit Punkten und Linien Spuren erzeugen. **Kontexte und Orientierung: BG.3** *A Kultur und Geschichte* 1. Die Kinder können Bilder aus verschiedenen Kulturen und solche aus dem Alltag lesen, einordnen und vergleichen. a. Die Kinder können Zeichen, Farben, Formen und Materialien aus verschiedenen Kulturen und aus dem Alltag beschreiben.	
Kompetenzebenen	**Wortebene (Kompetenzstufe I):** Die Kinder sind sprachlich und gestalterisch auf die Unterstützung der Lehrperson angewiesen.	

	Satzebene (Kompetenzstufe II): Die Kinder können ihre bildnerischen Vorstellungen ihrem Alter entsprechend sprachlich präsentieren, brauchen jedoch teilweise die Unterstützung der Lehrperson. **Textebene (Kompetenzstufe III):** Die Kinder können ihre bildnerischen Vorstellungen ihrem Alter entsprechend sprachlich präsentieren, dabei ihr Vorwissen in die Kommunikation einfliessen lassen und aus dem kreativen Prozess Schlussfolgerungen ziehen. Anmerkung: Die Beispiele in diesem Kapitel berücksichtigen alle drei Kompetenzebenen und gewährleisten, dass alle Kinder ihren Voraussetzungen entsprechend sprachlich und gestalterisch handeln können. Anspruchsvolle Übungen sind jeweils durch einen Hinweis gekennzeichnet und richten sich primär an Kinder der Eingangsstufe, die über gute Deutschkenntnisse verfügen.
Ziel	Der Wortschatz, die Lautsprache, die künstlerische Kreativität sowie überfachliche Kompetenzen werden ausgeweitet.

7.1 Zur Relevanz des Themas Farben auf der Kindergarten-, Grund- und Basisstufe

Farben sind allgegenwärtig und für die Kinder ein ideales Handlungsfeld, um den Wortschatz, die künstlerisch-ästhetischen und weitere Fähigkeiten auf kreative Weise auf- und auszubauen. Es ist jedoch wichtig, nicht nur die Namen verschiedener Farben zu lernen, sondern diese als Bildräume des Ausdrucks zu erleben. Aus Farben entstehen Handlungsräume, sofern die Kinder Zugang zu anregenden oder herausfordernden Materialien erhalten. Farben werden in unterschiedlichen Kulturen unterschiedliche Bedeutungen zugeordnet. Rot zum Beispiel wird nicht nur als Farbe der Geborgenheit oder der Liebe betrachtet, sondern auch als Erzeuger des Raums dieser Gefühle. Rot steht aber auch für Gewalt, Kriege usw.

Eine Auseinandersetzung mit der 'Welt der Farben' auf der Eingangsstufe kann zur Förderung der Sprache, Wahrnehmung, Kognition, Motorik und Ästhetik beitragen. Die Kinder können sinnlich (sensomotorisch), handelnd (enaktiv), visualisierend (ikonisch) und verschriftlichend (symbolisch) an das Thema und den damit verbundenen Wortschatz herangeführt werden.

Beispielsweise erzählt die Lehrperson die Geschichte eines Farbenlandes, singt mit den Kindern ein Farbenlied, lässt die Kinder mit verschiedenen Farben malen, spielen, experimentieren und dabei unterschiedliche bildnerische Verfahren, kunstorientierte Methoden, Materialien und Werkzeuge kennen lernen. Künstlerische Aktivitäten (z.B. Zeichnen, Malen, Drucken, Collagieren, dreidimensionales Gestalten, Modellieren, Bauen, Konstruieren) oder Schauspielern (Theater, Rollenspiele, Musical), Tanzen (Ballett) oder Musizieren (Lieder, Instrumente) sind weitere bedeutsame Handlungsfelder, die nützlich für bildungssprachliche Kompetenzen aller Kinder im ersten Zyklus sind.

Durch den sprachlich-gestalterischen Prozess treten die Kinder in den Dialog mit ihrer Innenwelt. Bildnerische Ausdrucksmittel machen die Erfahrungen, Eindrücke, Erlebnisse, Vorstellungen, Erinnerungen, Pläne, Wünsche, Interessensbereiche und Fantasien der Kinder sichtbar (Arnold-Klapproth, 2005).

All diese Aspekte ästhetischer Aktivitäten innerhalb des Themas *Farben* ausführlich zu kontextualisieren, würde den gegebenen Rahmen dieses Kapitels sprengen. Aus diesem Grund richten die hier präsentierten Aktivitäten ihren Blick auf wenige künstlerisch-kreative Felder aus, die eine Auseinandersetzung mit dem Wortschatz und der Lautsprache ermöglichen.

7.1.1 Kreatives Gestalten

Kreativ-spontanes Schaffen versteht sich hier als Produkt der Phantasiewelt der Kinder und meint die Fähigkeit, in sprachlicher, sozialer, künstlerischer, ästhetischer und kognitiver Hinsicht neue Erkenntnisse zu erlangen und diese im Handeln spielerisch umzusetzen (Brunner, 2008). Die Phantasie ist vom eigenen Erleben der Kinder inspiriert und wird durch die Kreativität verwirklicht (Seitz/Seitz, 2012). Im Kontext der Eingangsstufe entfaltet sie sich in den zahlreichen Handlungssituationen, die teilweise bewusst durch die Lehrperson, teilweise durch die Kinder selbst geschaffen werden. Beispielsweise stellt die Lehrperson Farben und Materialien zur Verfügung, und die Kinder stempeln damit. Oder die Kinder sammeln draussen in der Natur herumliegende Holzstücke sowie Grashalmen und erstellen damit ein Floss für den Transport ihrer Spielfiguren von einer Insel (Wasserpfütze) zur nächsten. Oder sie sammeln kleine Steine und modellieren damit ihren eigenen Kindergarten, oder sie geben jedem Stein einen Namen und bilden dabei auf kreative Weise Wörter.

Es kann davon ausgegangen werden, dass jedes Kind über ein kreatives Potenzial verfügt und dieses im sprachlich-künstlerischen Handeln aktivieren kann. Hierzu ist freilich ein Umfeld notwendig, das Kindern selbstständige Handlungen ermöglicht, ihnen die Gelegenheit gibt, eigene Ideen einfliessen zu lassen, freudvoll Neues zu entdecken und sich zu entfalten.

Auf der Eingangsstufe obliegt es der Lehrperson, einen geeigneten Entfaltungsrahmen zu schaffen, damit sich die Kinder in ein Thema vertiefen können. Sie schafft ein Umfeld, das herausfordernd für die Kinder ist und ihnen zugleich ermöglicht, offen, neugierig und immer weitersuchend angemessene Lösungen selbst zu konstruieren. «Offenheit, Neugier und eine suchende Haltung gehen dem Findungsvorgang sowohl auf kognitiver als auch auf sozialer und emotionaler Ebene voraus» (Braun, 2011, 17).

Von dieser Prämisse ausgehend stellt sich die Frage eines Gleichgewichts zwischen eigenständigen kreativen und durch die Lehrperson angeleiteten sprachlich-künstlerischen Sequenzen. Kritische Stimmen raten von vorgegebenen Aufträgen ab, weil die Kinder dabei ihre Kreativität bzw. ihr kreatives Handeln und Denken kaum entfalten können (Kraus/Ferretti, 2017). Krenz meint hierzu: «Kinder, die häufig mit Schablonen malen bzw. zeichnen, trauen sich selber wenig zu und fragen daher Eltern oder ErzieherInnen, ob diese nicht für sie etwas ausmalen könn(t)en. Damit ist der Kreislauf der Abgabe von Verantwortung geschlossen und wirkt sich destruktiv auf die Mal-/Zeichenentwicklung von Kindern aus» (Krenz, 2010, 165).

Ein kompetenzorientiertes Umdenken durch das Initiieren und Begleiten bildnerischer Prozesse ist vermutlich der beste Weg, der dafür sorgt, dass Malvorlagen oder Computerzeichnungen das Gestalten im Kindergarten nicht klischeehaft dominieren. Wenn die Kinder nur nach Vorlagen oder Prototypen malen und basteln, ist es naheliegend, dass sie dabei lediglich Vorgegebenes reproduzieren und kaum eigenständig denken und gestalten können.

Kinder, die sich nicht getrauen, sich bildnerisch auszudrücken, brauchen motivierende Inputs wie kommunizierte Wahrnehmungsprozesse und eine ermutigende Unterstützung ihrer Lehrperson.

In der Praxis lässt sich beobachten, dass die Kinder Fortschritte in der bildungssprachlichen und zeichnerischen Ausdrucks- und Darstellungsfähigkeit erlangen, wenn sie vielfältige ästhetische Erfahrungsmöglichkeiten oder Anschauungsmaterial in Form von Bildern zur Verfügung gestellt bekommen. Sie beschreiben z.B. den eigenen Zeichenvorgang, beobachten gemeinsam die angefertigten Zeichnungen, stellen Fragen, benennen wahrgenommene Details und bauen so ihre Sprech- und Erzählfähigkeit aus. Oder sie entwickeln ihre motorische Fertigkeit, indem sie beispielsweise auf grossformatigem Papier rhythmisch zeichnen. Dadurch können sie angespornt werden, angstfrei Linien aus freier Hand auf ein Blatt zu zeichnen.

7.1.2 Kreatives Gestalten mit Sprechaktivitäten verbinden

Aus dem kreativen Handeln können nützliche Dialoge entstehen. Beispielsweise gestalten die Kinder gemeinsam ein Bild, präsentieren es im Plenum, führen Dialoge und erweitern so ihre Sprechkompetenz. Oder sie klatschen in die Hände, während sie passende Verse oder Gedichte aussprechen und üben dabei ihre phonologische Bewusstheit.

Die verschiedenen Sprechanlässe über die ästhetischen Erfahrungen, Erkenntnisse und kreativen Gestaltungsprozesse der Kinder bilden eine solide Grundlage der bildungssprachlichen Förderung und sollten auf der Eingangsstufe bewusst genutzt werden. Dies kann anhand eines Beispiels aus der Erprobungsphase dieses Kapitels illustriert werden:

Die beiden Lehrerinnen konfrontierten die Kinder mit dem Werk des impressionistischen Künstlers Claude Monet. Sie zeigten ihnen exemplarisch einige seiner bekannten Bilder wie etwa die Seerosen, Küstenbilder und Kathedralen. Im Plenum betrachteten die Kinder zunächst die auf dem Boden liegenden Bilder. Eine der Lehrerinnen erzählte zunächst vom Leben und Schaffen des Malers, beschrieb einige besondere Aspekte seiner gezeigten Werke und hob als besonderes Merkmal die Experimentierfreude des Malers mit Licht und Farben sowie die Variation von Motiven hervor. Während die Lehrperson erzählte, reagierten einzelne Kinder und hielten fest, dass die Bilder leuchten würden. Ein Kind meinte, der Maler habe einen Scheinwerfer auf die Bildergrundfläche gerichtet, damit er beim Malen besser sieht. Diese erste Betrachtungs- und Einstiegsphase sorgte bereits für eine lebendige Diskussion im Stuhlkreis. Schilderungen der Kinder konnte entnommen werden, dass die Farbenkombination, der mehrschichtige Aufbau der Bilder, der zugleich Tiefe erzeugt, sie beeindruckt.

Nach dieser Sequenz teilte die Lehrerin den Kindern mit, dass sie auf den Arbeitstischen Malmaterial zur Verfügung gestellt hat und dass sie nun ihr künstlerisches Können unter Beweis stellen können. Auf den Tischen standen den Kindern Farben, Pinsel, Papier und Malschürzen bereit, die sie benutzen konnten.

Kinder beim Malen

Ausserdem durften sich die Kinder abwechselnd wie der Künstler Monet verkleiden und durch den Raum 'spazierend' fabulieren, lachen und eine Menge Spass haben.

Kinder verkleiden sich als Maler Claude Monet (1840–1926)

Dieses Beispiel zeigt, dass durch kreative rezeptive und handlungsorientierte Kunstvermittlung die individuelle sprachliche und bildnerische Ausdrucks- und Darstellungsfähigkeit der Kinder gefördert werden kann. Am Schluss konnte jedes Kind sein eigenes Bild malen, und es sind spannende Produkte entstanden, wie die nachfolgende Bildausstellung dokumentiert.

Kinderprodukte aus der Auseinandersetzung mit dem Maler Claude Monet

7.1.3 Hinweise zur Umsetzung der vorgeschlagenen Aktivitäten

Die didaktischen Erläuterungen zur Durchführung der vorliegenden Aktivitäten samt Schwierigkeitsstufen und Sozialformen verstehen sich als Vorschläge. Die Lehrpersonen sind frei, die Aktivitäten den Gegebenheiten vor Ort anzupassen. Hinsichtlich der vorgeschlagenen Sequenzen zur Lautsprache und zum Wortschatz obliegt es der Lehrperson, darüber zu entscheiden, welche Wörter oder Laute in welcher Reihenfolge und wie viele davon auf einmal geübt werden sollen. Wichtig ist es, dass die Sequenzen der phonologischen Bewusstheit im weiteren und engeren Sinn sowie die Wortschatzübungen nicht zu lange sind, sondern täglich stattfinden und zwischen fünf und maximal fünfzehn Minuten dauern.

Auf der Eingangsstufe reichen die sprachlich-gestalterischen Aktivitäten der Kinder vom Gestalten eigener Bilder mit verschiedenen Materialien, über Schauspielern und Tanzen bis hin zum Betrachten berühmter Kunstwerke. Um ihre Vorstellungen farbig auf Papier zu bringen und nach ihrem eigenen Rhythmus zu malen, brauchen die Kinder Zeit. Ausserdem sollen sie verschiedene Mal- und Zeichenmaterialien zur Verfügung haben, damit sie ihren Präferenzen entsprechend auswählen können, ob sie beispielsweise Farbstifte, Wasserfarben oder Filzstifte verwenden möchten. Dasselbe gilt für die verschiedenen Papierformate und die Papierqualität. Anstelle von Schablonen, die als strukturierte Muster ungeübten Kindern helfen können, sollen die Wahrnehmung, die Fantasie sowie die Fähigkeit der Kinder, ihre Vorstellung differenziert auszudrücken, bewusst unterstützt werden.

Die ausgewählten und erprobten Praxisbeispiele, die sich auch in Form einer Werkstatt mit verschiedenen Posten durchführen lassen, bieten Kindern vielerlei Handlungsanregungen: Sie können spielen, experimentieren, gestalten, musizieren, tanzen und sprechen. Sie ermöglichen ihnen, ihre eigene Weltsicht in Worten und Bildern zu erklären. Im Bereich der Experimente können die Kinder ein kleines 'Künstlerheft' erstellen, damit sie ihre Vermutungen und Erkenntnisse aufs Papier bringen und die Experimente selbstständig anhand von Bildern lösen können. Oder sie ersetzen das 'Künstlerheft' durch ein sogenanntes Minibuch, falls die Kopiermöglichkeit limitiert ist.

7.2 Die farbige Brille

Sozialform:	Einzelarbeit, Partnerarbeit, Gruppenarbeit, Plenum
Kompetenzstufe:	I, II, III
Kompetenzen:	Die Kinder können die Umgebung in neuen Farben wahrnehmen, in fünf Schritten eine Farbenbrille erstellen, mit Farben experimentieren, ihren Wortschatz und ihre phonologische Bewusstheit ausweiten.
Material:	Puppe *Farbenkönig*, Zauberkugel aus Kunststoff, Bilderbuch «Kennt ihr Blauland?» von Tina Rau, Lieder-CD, z.B. «Fli, fla, flo!» von Stephanie Jakobi-Murer; für die Herstellung der Farbenbrille: schwarzes Zeichenpapier, Schere, farbiges Transparentpapier, Leim, Bostitch, Korb mit farbigen Chiffontüchern

Möglicher Ablauf: Als Einstieg singen alle Kinder im Stuhlkreis ein *Farbenlied* (z.B. das geläufige Mundartlied «Mini Farb und dini, das git zäme zwei»). Während sie singen, bewegen sie eine Hand so, als ob sie die Stuhlnachbarin oder den Stuhlnachbarn anmalen würden. Die Lehrperson informiert nun, dass heute die Farbe Blau im Mittelpunkt steht und dass sie gemeinsam verschiedene Aktivitäten dazu durchführen werden. Anschliessend geben sich alle die Hand und gehen in das Blauland – eine blau eingerichtete Ecke. Die Reise dorthin begleiten sie mit dem Lied «Kommt, wir gehen ins Blauland; ins Blauland, alle miteinander»; dieser Text wird mehrmals wiederholt. Dort angekommen, werden sie vom *Farbenkönig* (einer Puppe; die Lehrperson spricht) begrüsst: «Liebe Kinder, willkommen im Blauland. Ich erzähle euch die Blaulandgeschichte». Während der *Farbenkönig* die Geschichte erzählt, fragt er zwischendurch die zuhörenden Kinder, was alles blau im Blauland ist. Alle schauen auf die Bilder im Bilderbuch und antworten: «Die Sonne, der Fliegenpilz, die Zauberkugel». Die rote, gelbe und grüne Zauberkugel aus Kunststoff werden in Blau umgewandelt, sobald sie durch das Blauland rollen. Der *Farbenkönig* verabschiedet nun die Kinder. Zu zweit kehren sie Hand in Hand in den Stuhlkreis zurück und erzählen von ihren Eindrücken im Blauland. Als Abschluss singen sie gemeinsam das Mundartlied «Mini Farb und dini, das git zäme zwei» und tanzen dazu.

Der Farbenkönig begrüsst die Kinder im Blauland

Bei der nächsten Sequenz geht es erneut um die Welt der Farben. Dieses Mal erhalten die Kinder Besuch vom *Farbenkönig* (die Lehrperson spricht und bewegt entsprechend die Puppe). Im Stuhlkreis begrüsst er die Kinder und teilt ihnen mit, dass er verschiedene Farben aus dem Farbenland mitgebracht hat und dass jede Farbe etwas bedeutet. In einem Korb finden sich rote, in einem anderen gelbe und in einem dritten blaue Chiffontücher. Jedes Kind darf ein Chiffontuch in derjenigen Farbe nehmen, die es besonders gern hat. Im Plenum erläutern die Kinder zunächst kurz, weshalb sie die ausgewählte Farbe besonders schön finden.

Es kommen verschiedene Aussagen und Begründungen zusammen, wie die Erprobung dieses Kapitels zeigte. Ein Mädchen sagt zum Beispiel: «Ich habe gerne rot, weil die Erdbeeren rot sind. Und ich esse gern Erdbeeren». Ein anderes Mädchen, das ebenfalls ein rotes Tuch genommen hat, meint: «Rot ist das Herz». Ein Junge, der sich für ein gelbes Chiffontuch entscheidet, sagt: «Gelb ist die Sonne. Die Sonne ist warm». Dieser Erzählrunde, die dem Wortschatzaufbau der Kinder dient, folgen *Farbenlieder* aus der Lieder-CD «Fli, fla, flo» von Stephanie Jakobi-Murer (s. Literaturverzeichnis).

Ziel dieser Aufwärmsequenz ist es, die einzelnen Farben wahrzunehmen und zu benennen, sich zu bewegen, also zu tanzen und zu singen. Zuerst dürfen alle Kinder mit einem roten Tuch in der Hand tanzen und mitsingen. Das nächste Lied ist der gelben Farbe gewidmet. Entsprechend dürfen nun alle Kinder mit einem gelben Tuch tanzen und singen. Dasselbe geschieht mit der blauen Farbe. Die Musik dazu läuft, während die Kinder mit dem blauen Chiffontuch tanzen und singen. In der letzten Runde vermischen sich die Farben. Alle Kinder stehen auf, schwenken und wirbeln ihre farbigen Tücher, tanzen und singen gemeinsam. Es entsteht eine farbenbunte Umgebung mit tanzenden Kindern.

Als Nächstes folgt eine Sequenz, in der die Kinder in mehreren Schritten eine Farbenbrille herstellen können. Die Sequenz verfolgt ein doppeltes Ziel: Zum einen soll durch die Erklärung des Verfahrens der rezeptive Wortschatz, aber auch das konzentrierte Zuhören geübt werden. Zum anderen sollen die Kinder durch die erklärte Arbeitstechnik auch eigene Techniken entdecken, aktiv mitdenken und ihre motorisch-kreative Fähigkeit erweitern.

Der *Farbenkönig* erzählt den Kindern von den vielen Sehenswürdigkeiten im Farbenland und ruft damit das Gelernte in Erinnerung (Aktivierung des Vorwissens). Er lädt die Kinder dazu ein, die Sommerferien im Farbenland zu verbringen. Für das Farbenland brauchen sie jedoch eine farbige Sonnenbrille, weil dort immer die Sonne scheint. Es handelt sich um eine spezielle Sonnenbrille, die in keinem Brillengeschäft zu kaufen ist. Deshalb müssen die Kinder sie selber herstellen.

Die Kinder sind sofort einverstanden. Der *Farbenkönig* sammelt zuerst die Ideen der Kinder, wie sie eine eigene farbige Brille kreieren könnten. Daraufhin geht er kurz auf die Ideen der Kinder ein und thematisiert mit ihnen den konkreten Herstellungsprozess. Durch diese Diskussionsrunde sollen die Kinder zum einen ihre Sprechkompetenz aufbauen. Zum anderen sollen sie auf den mehrstufigen Herstellungsprozess der Sonnenbrille aufmerksam gemacht werden.

Der *Farbenkönig* erläutert anhand des vorhandenen Materials die einzelnen Schritte zur Herstellung der farbigen Sonnenbrille wie folgt: «Alles, was ihr für die Herstellung eurer Sonnenbrille braucht, habe ich aus dem Farbenland mitgebracht und auf den Tischen bereitgestellt. Es ist wichtig, dass ihr sorgfältig damit umgeht. Ich mache euch darauf aufmerksam, dass ihr bei der Herstellung der eigenen Sonnenbrille möglichst kreativ und originell sein dürft. Ihr könnt jederzeit meine Hilfe holen und bei der Herstellung der Brille wie folgt vorgehen:

- Zuerst zeichnet ihr auf dem schwarzen Papier die Form eurer Sonnenbrille auf und schneidet diese anschliessend aus. Für wenig geübte Kinder habe ich eine spezielle Schablone angefertigt.
- Nachdem ihr die Sonnenbrille gezeichnet habt, schneidet ihr zwei Gucklöcher für die Augen aus. Form und Grösse der Brille könnt ihr individuell bestimmen.
- Jedes Kind entscheidet sich für eine Farbe, schneidet ein Stück Transparentpapier in dieser Farbe aus und klebt oder bostitcht es hinter die Augenlöcher.

- Als nächstes knickt ihr die Bügel der Farbenbrille nach hinten um.
- Nach diesem Schritt ist die Brille fertig und kann aufgesetzt werden».

Hinweis: Die Lehrperson stellt im Vorfeld sicher, dass die Kinder den Auftrag verstanden haben. Diejenigen Kinder, die wegen mangelnden Deutschkenntnissen den Auftrag nur teilweise oder gar nicht verstehen, verteilt sie so an den Tischen, dass sie zuerst zuschauen können, wie ihre Kameraden vorgehen. Oder sie hilft ihnen bei Bedarf, damit sie ihre farbige Sonnenbrille herstellen können. Bei der Erprobung dieses Kapitels hat sich gezeigt, dass einzelne Kinder auf die Hilfe der Lehrperson angewiesen sind. Sie wissen am Anfang noch nicht, wie sie ihre Brille gestalten sollen und brauchten Tipps dazu. Auch beim Zusammensetzen der einzelnen Brillenteile sind einige Kinder auf die Hilfe der Lehrperson angewiesen.

In diesem Zusammenhang ist anzumerken, dass zwar im Endergebnis jedes Kind seine eigene Sonnenbrille herstellt, dass aber im Vordergrund die spielerische und lustvolle Entwicklung seiner basalen, haptischen, motorischen, sprachlichen, kognitiven, emotionalen, sozialen und gestalterischen Kompetenzen steht. Zeitgleich sollen sie bei dieser Aktivität Erfahrungen mit dem eingesetzten Material sammeln und dabei auch ihre feinmotorischen Fähigkeiten aufbauen. «Kinder de- und rekonstruieren ausdauernd ihr Bild von der Wirklichkeit, sind (genau wie Künstler) leidenschaftlich, intuitiv, lustvoll, stellen Fragen und probieren einfach alles aus» (Bree, 2007, 2).

Sowohl der Herstellungsprozess als auch das Ergebnis des gestalterischen Handelns sind Bestandteil eines sprachlich-schöpferischen und kreativen Prozesses. In diesem Prozess sollten die Kinder ermuntert werden, ihrem kreativ-expressiven und sprachlich-gestalterischen Wissen und Können freien Lauf zu lassen. Dies bedeutet jedoch nicht, dass sie wild und ziellos handeln, sondern möglichst verschiedene Phasen ihres kreativen Handelns durchlaufen, die wiederum intuitiv, aber auch geplant vonstattengehen. Daher ist die Rolle der Lehrperson in der Begleitung und Unterstützung der Kinder in ihrem sprachlich-künstlerischen Entwicklungsprozess unverzichtbar.

Nachdem der *Farbenkönig* den Auftrag erklärt hat, verteilen sich die Kinder an den Arbeitstischen und beginnen mit der Herstellung ihrer speziellen Sonnenbrille, die sie während der Ferien im Farbenland tragen dürfen.

Übung zur Förderung der Kinder in der Lautsprache: Aktivitäten zur auditiven und visuellen Wahrnehmung sowie der Merkfähigkeit sind fester Bestandteil der Förderung der phonologischen Bewusstheit im weiteren Sinn. Hierfür dient in diesem Kapitel erneut der *Farbenkönig* als Leitfigur: «Liebe Kinder, ihr habt schöne Sonnenbrillen erarbeitet und seid jetzt gut ausgerüstet für die Reise ins Farbenland», meldet er zurück. Nun bittet er die Kinder, ihre Sonnenbrille auf-

Kinder erstellen ihre Sonnenbrille für die Ferien im Farbenland

zusetzen und zu erzählen, wie sie ihre Umgebung wahrnehmen. Ein Junge sagt: «Ich sehe überall nur rot!» Der *Farbenkönig* kommentiert: «Rot ist die Farbe der Liebe. Rot ist aber auch die Feuerwelt!» Ein anderer Junge sagt: «Ich sehe das Farbenland von Weitem. Ich gehe jetzt ins Farbenland!» Alle lachen und wollen ins Farbenland. Der *Farbenkönig* tritt in den Dialog mit den Kindern und macht sie darauf aufmerksam, dass sie zuerst zusammen ein paar Spiele spielen sollten, bevor sie ins Farbenland gehen dürfen und leitet über zur nächsten Sequenz.

Die Brille ist nun fertig, jetzt kann die Reise ins Farbenland beginnen

Daraufhin gibt der *Farbenkönig* bekannt, dass die Kinder nun Farbenverse üben werden. Alle setzen ihre farbige Brille auf und hüpfen zum *Farbenkönig*, der das Hüpfen der Kinder mit seiner Trommelmusik begleitet. Sobald die Musik aufhört, müssen die hüpfenden Kinder stehen bleiben. Alle, die eine rote Brille tragen, dürfen beginnen. Zusammen sprechen sie einen Vers dazu aus: «Rot, rot, rot, das tönt wie Brot». Dies wird mit den Kindern, die eine rote Brille anhaben, wiederholt. Der *Farbenkönig* möchte nun, dass die Kinder mit einer blauen Sonnenbrille nach vorne hüpfen. Dieses Mal begleitet er das Hüpfen der Kinder mit einer Glocke. Sobald sie die Glocke nicht mehr hören, bleiben sie stehen. Alle sprechen den Vers aus: «Blau, blau, blau, das macht dich schlau». Dasselbe geschieht mit grün: «Grün, grün, grün, die Blumen im Farbenland blühn». Die Hüpfbewegungen begleitet der *Farbenkönig* mit seiner Flöte. Die Kinder lieben solche Versspiele mit Bewegung, auch Kurzgedichte, die sich gut reimen lassen und wertvoll für die Wortschatzerweiterung und die Aussprache sind. Hier ein Gedicht von Goethe als Beispiel:

Die Freuden
Da flattert um die Quelle
Die wechselnde Libelle,
Der Wasserpapillon
Bald dunkel und bald helle
Wie ein Chamäleon;
Bald rot und blau, bald blau und grün,
O dass ich in der Nähe
Doch seine Farben sehe!
(Goethe, 1998, 19)

Variante: Die Lehrperson spielt mit einem Instrument eine Melodie, die sie als *Farbenmelodie* betitelt. Damit die *Farbenmelodie* vertraut wird, verbindet sie diese mit einer kurzen Geschichte und lässt erneut den *Farbenkönig* sprechen. Beispiel: Der *Farbenkönig* trägt eine farbige Brille und bekommt von den Kindern Besuch. Er freut sich und begrüsst die Besucher mit einem Willkommensklang aus einem seiner Instrumente, die er im Farbenland gesammelt hat. Dann hält er die Kinder dazu an, gut zuzuhören und die gehörten Klänge zu erkennen, jedoch noch nicht zu verraten. Klingt die Melodie leise und langsam, schliessen die Kinder ihre Augen. Wird sie hingegen lauter und schneller, öffnen sie wieder die Augen und sprechen einen Reim aus. Beispiel: «Der *Farbenkönig* liebt Bienenhonig». «Der *Farbenkönig* im Haus, singt wie eine Maus». Oder sie rezitieren ein lustiges Gedicht: «Königs Brille ist bunt und macht sein Gesicht rund; er legt sie auf die Nase, sie springt weg wie ein Hase» usw.

Mithilfe des *Farbenkönigs* tragen die Kinder die in diesem sinnlichen Einstieg gehörten Klänge zusammen und üben diese in einer darauffolgenden Wortschatz- und Lautsprachsequenz.

Übungen zur Erweiterung des Wortschatzes anhand eines Ratespiels: Der *Farbenkönig* lädt die Kinder in die Küche zu einem Ratespiel ein. Er bittet sie, ihre selbstkreierte Sonnenbrille so in den Händen zu halten, dass alle sie sehen können. Nun beschreibt er die verschiedenen Teile einer farbigen Brille und fragt: «Die Farbenlandbrille hat eine schwarze, eckige Fassung mit grünen Gläsern. Wem gehört sie?» Die Kinder sollen herausfinden, um wessen Brille es sich handelt. Der Schwierigkeitsgrad der Fragen wird schrittweise erhöht: «Die Farbenbrille befindet sich rechts von mir und links von Lisa. Sie hat eine schmale Fassung, breite Bügel ohne Scharnier, eine breite Rundung, einen schmalen Rahmen, einen engen Nasensteg und blaue Gläser. Wem gehört sie?»

Dann beginnt ein Kind, eine andere Brille zu beschreiben (Farben, Einzelteile, Grösse, ob die Brille links, rechts, direkt gegenüber ist usw.), während die anderen herausfinden sollen, welche Brille gemeint ist. Das Ratespiel geht so weiter. Die Wortschatzübung soll hier dazu beitragen, dass die Kinder Nomen (*Brille, Bügel, Loch* und alle oben genannten Teile) und Verben (umknicken, ausschneiden, bostitchen) üben und diese sich aneignen.

Ein weiteres, anspruchsvolles Wortschatzspiel, bei dem sich die Kinder bewegen, ihre Merkfähigkeit sowie ihren rezeptiven und produktiven Wortschatz erweitern können, ist «Ich sehe einen farbigen Gegenstand, den du nicht siehst». Alle Kinder sitzen im Stuhlkreis und merken sich einen farbigen Gegenstand im Raum. Dasjenige Kind, das seinen Gegenstand beschreibt, darf auf dem Stuhl des *Farbenkönigs* sitzen. Zuerst verrät es dem *Farbekönig* (also der Lehrperson) den Namen des Gegenstandes und kann wie folg beginnen: «Ich sehe einen farbigen Gegenstand, den du nicht siehst. Er ist blau, rund und liegt in einer durchsichtigen Plastikkiste». Die anderen Kinder stehen auf und suchen den beschriebenen Gegenstand im Raum. Sie merken sich den Namen jenes Gegenstandes, den sie für den Gesuchten halten und gehen wieder zum Stuhlkreis zurück, sobald der *Farbenkönig* mit einer Glocke läutet. Nun fordert das Kind, das auf dem Stuhl des *Farbenkönigs* sitzt und das Spiel leitet, seine Kameraden auf, den Namen des gesuchten Gegenstandes zu nennen. Sobald der Name herausgefunden wurde, darf das nächste Kind mit der Frage und einer anderen Farbe starten. Der *Farbenkönig* ist dabei die Prüfinstanz und hilft, falls ein Kind selber nicht mehr weiss, welchen Gegenstand es beschrieben hat.

Mit der nächsten Übung kann der Anforderungsgrad nochmals um eine Stufe erhöht werden. Die Kinder sollen nun mit aufgesetzter Sonnenbrille zei chnen: Ein Kind setzt seine Brille auf, während sein Spielkollege oder seine Spielkollegin auf ein A4-Blatt beliebig etwas aus dem Farbenland zeichnet (z.B. einen Regenbogen, ein besonderes Tier, eine Brille usw.). Nun setzt dasjenige Kind, das gezeichnet hatte, seine selbstgebastelte farbige Brille auf und folgt den Anweisungen seines Lernpartners oder seiner Lernpartnerin. Beispiel zum

Vorgehen: «Zeichne in der Mitte des Blattes zwei Quadrate. Verbinde diese in der oberen Hälfte mit einer Linie dazwischen. Zeichne auf der linken, oberen Aussenecke des linken Quadrats eine Linie nach oben so, dass diese wie der Gehstock des Malers Claude Monet aussieht. Zeichne jetzt auf der rechten, oberen Aussenecke des rechten Quadrats eine Linie nach oben so, dass diese wie der Gehstock von Herrn Monet aussieht».

Nun setzt das zeichnende Kind seine farbige Brille ab. Beide Kinder betrachten das lustige Gebilde und besprechen, was es ist (also eine Brille?). Danach wird natürlich gewechselt. Am Schluss werden die Produkte in die Mitte des Stuhlkreises auf den Boden gelegt, betrachtet und kommentiert. Dadurch üben die Kinder ihre Sprechkompetenz und erweitern zugleich ihren Wortschatz. Zudem merken sie, dass es bedeutend anspruchsvoller ist, mit aufgesetzter Sonnenbrille zu zeichnen.

Hinweis: Dieses Spiel setzt einen guten Grundwortschatz auf der Satz- und Textebene voraus. Wegen des relativ hohen Anspruchsgrades eignet es sich für die Kinder ab dem zweiten Kindergartenjahr. In vereinfachter Form lässt es sich auch mit den Kindern des ersten Kindergartenjahres durchspielen.

7.3 Farbiges Geschenk für den Farbenkönig

Sozialform:	Gruppenarbeit
Kompetenzstufe:	I, II, III
Kompetenzen:	Die Kinder können Farben über mehrere Sinne erfahren, sammeln und ordnen, mit ihren Händen ein Regenbogenbild erstellen, ihre lexikalisch-phonologische Kompetenz aufbauen.
Material:	Papierblätter A3-Format oder grösser, Gouache- oder Fingerfarbe, Malunterlage

Möglicher Ablauf: Der *Farbenkönig* hat die Kinder zu einer Farbenparty eingeladen. Als Dankeschön möchten die Kinder für den *Farbenkönig* einen bunten Regenbogen mit ihren Händeabdrücken darauf gestalten. Die Gouache- oder Fingerfarben wurden vorgängig bereitstellt; einige davon sind gemischt. Das Papier steht ebenfalls bereit.

Didaktischer Hinweis: Es empfiehlt sich, die Ringe des Regenbogens bereits einzuzeichnen, damit die Kinder danach wissen, wo sie ihren Händeabdruck aufdrücken sollen.

Daraufhin halten alle Kinder ihre Hände bereit. Mit einem dicken Pinsel verteilen sie sich gegenseitig die Farbe auf die Hände (Teamarbeit). Dann drücken sie ihre farbigen Handflächen auf das Papier. So entsteht ein grosser Regenbogen als gemeinsames Geschenk für den *Farbenkönig*.

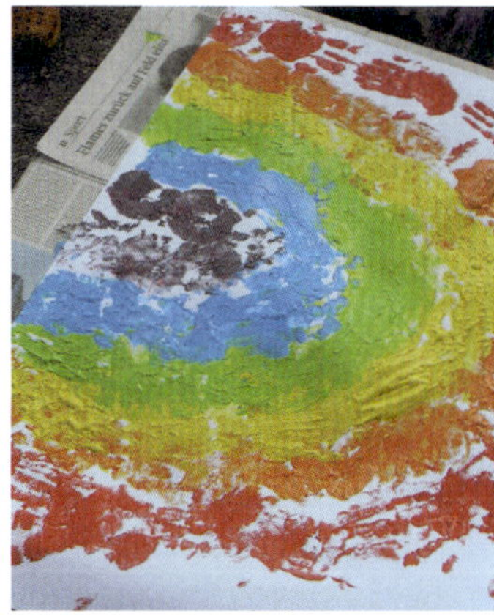

Ein Regenbogenbild als Geschenk für den Farbenkönig

Dem obigen gestalterisch-kreativen Tun folgt nun eine Aktivität, in der die Kinder ihre auditive und visuelle Wahrnehmung sowie ihre sprachliche Ausdrucksfähigkeit auf kreative Weise üben können.

Ausbau der lautsprachlichen Kompetenz: Der *Farbenkönig* wartet auf die eingeladenen Partygäste und freut sich, mit ihnen zu spielen. Plötzlich klopft jemand an die Tür. Der *Farbenkönig* öffnet die Tür und heisst die Besucher/innen willkommen. Bevor die Kinder dem *Farbenkönig* das schöne Regebogenbild übergeben, spielen alle auf Wunsch des Gastgebers ein Versspiel: «Ene mene Farbenland, ich schenke dir meine Farbenhand». Nach diesem Spiel können nun die Kinder dem *Farbenkönig* ihr mitgebrachtes Regenbogenbild überreichen. Dem *Farbenkönig* gefällt das Bild sehr, und er will nun wissen, wem welche Händeabdrücke gehören und wie die Kinder heissen. Der Reihe nach sagen die Kinder ihren Namen, während die anderen diesen in Silben aussprechen.

Der Farbenkönig will die Namen der Kinder kennen lernen

Der *Farbenkönig* möchte nun mit den Kindern ein Anlautspiel durchführen. Hier geht es darum, gleich klingende Laute zu erkennen und ungleiche unterscheiden zu können. Im Hintergrund läuft die Musik. Die Kinder bewegen sich frei im Raum. Sobald der *Farbenkönig* die Musik stoppt, bleiben sie stehen und hören aufmerksam zu, welchen Anfangslaut eines Gegenstandes im Raum der *Farbenkönig* nennen wird. Er sagt z.B. /T/. Die Kinder suchen sich einen Gegenstand, der mit /T/ beginnt und berühren ihn (beispielsweise den Tisch oder einen anderen Gegenstand mit diesem Anfangslaut). Die Kinder bewegen sich wieder, bis die Musik wieder gestoppt wird. Der *Farbenkönig* nennt nun den nächsten Anlaut, z.B. /D/. Die Kinder suchen einen Gegenstand mit dem Anlauf /D/. Dasselbe wiederholt sich mit den Anlauten /B/ und /P/ oder /R/ und /L/ usw.

In einem nächsten Spiel möchte der *Farbenkönig* mit den Kindern die Endlaute seltsamer Wörter üben. Beim Endlaut /s/ müssen sich die Kinder setzen, bei /m/ murmeln, bei /l/ sich hinlegen, bei /p/ auf dem Boden knien usw.

Lautübungen in bewegtem Spiel

Hier einige Beispiele: /s/ = Gras, Reis, Maus; /m/ = Turm, Wurm, Baum; /l/ = Lineal, Zahl, Pinsel; /r/ = Tür, Metzger, Alligator usw.

Bei der letzten Lautsprachübung im engeren Sinn spricht der *Farbenkönig* Wörter lautierend bzw. buchstabierend und möchte sehen, wie gut die Kinder die von ihm lautierten Wörter verstehen. Er lautiert zum Beispiel *B-l-a-u-l-a-n-d*. Diejenigen Kinder, die es wissen, nennen das lautierte Wort (Blauland).

Hinweis: Wörter zu lautieren, ist für die Kinder im Kindergartenalter anspruchsvoll, weil dabei gute Kompetenzen in der Lautsprache und im Wortschatz erforderlich sind. Die Lehrperson soll dennoch die Kinder ermuntern, es zu versuchen. Es kann davon ausgegangen werden, dass solche Versuche für die phonologisch-lexikalische, aber auch für die kognitive Entwicklung der Kinder bedeutsam sind.

Spiele zur Vertiefung des Wortschatzes und der Lautsprache: Diese Spielsequenz knüpft an die vorhergehende Lautsprachübung an und soll zur Wortschatzerweiterung der Kinder beitragen: Alle sitzen im Stuhlkreis. Der *Farbenkönig* kündigt das Spiel an und beginnt als Erster: «Mein rechter Platz ist leer, ich wünsche mir den Reim *Farbe-Narbe* her». Ein Kind denkt sich einen Reim dieser Art aus und fährt mit seinem Wunschsatz fort. Das nächste Kind wiederholt denselben Satz und ergänzt diesen durch einen neuen Reim. Beispiel: «Mein rechter Platz ist leer, ich wünsche mir den Reim *blau-schlau* her» usw.

Noch ein Spiel als Fortsetzung des vorherigen: Der *Farbenkönig* erfüllt allen eingeladenen Kindern einen Reisewunsch. Während sich die Kinder langsam im Kreis bewegen, nennt der *Farbenkönig* den Namen eines Kindes, z.B. Florian, und fragt: «Florian, wohin möchtest du reisen?» Florian nennt z.B. ein Land in Silben: «Ins Blau-land» und geht entsprechend dazu zwei Schritte vorwärts in die Kreismitte. Dann kommt das nächste Kind dran. Die Fragerunde wird beendet, sobald alle Kinder ihren Namen genannt haben.

In einer nächsten Sequenz spielen die Kinder das Spiel «Serpentina». Sie üben dabei ihre Wahrnehmungsfähigkeit und ihren Wortschatz, indem sie während des Spiels dialogisieren. Die Farben der Regenbogenschlange aus dem Farbenland sind durcheinander geraten. Deshalb bittet der *Farbenkönig* die Kinder, ihm zu helfen und die Farben richtig zu ordnen. Jeder Spieler und jede Spielerin darf der Reihe nach eine Karte aus dem Kartenstapel ziehen. Die Karten setzen sie so zusammen, dass am Schluss eine Schlange entsteht; natürlich nur, wenn die eine Seite des Schlangenmittelteils aus der gleichen Farbe besteht wie der Schlangenmittelteil, der schon in der Mitte liegt. Dasjenige Kind, das die Schlange vervollständigen kann, hat gewonnen.

Kinder spielen «Serpentina»

Mit sprachlich fortgeschrittenen Kindern geht der *Farbenkönig* einen Schritt weiter. Zur Vertiefung von An- und Endlauten legt er Bilder auf den Boden. Die «Sprachfüchse» erhalten nun die Aufgabe, mit dem Endlaut eines genannten Wortes jeweils ein neues Wort zu bilden. So entstehen Wortketten. Beispiel:

Brille *–* ***Esel*** *–* ***Lavabo*** *–* ***Oma*** *–* ***Affe*** *–* ***essen*** *–* ***neu*** usw. Der *Farbenkönig* schreibt die einzelnen Wörter jeweils auf einen Zettel und legt sie ungeordnet in die Kreismitte. Daraufhin hält er die Kinder dazu an, die Zettel wieder so zu ordnen, dass eine Wortkette entsteht.

Hinweis: Die Bildung von Wortketten dieser Art ist zwar sehr anspruchsvoll und eher für sprachversierte Kinder gedacht. Solche Übungen empfehlen sich dennoch sehr, weil sie in dreifacher Hinsicht nützlich für den Aufbau bildungssprachlicher Kompetenzen der Kinder sind. Sie erkennen beispielsweise, dass sie Wörter bilden können, wenn sie den Endlaut eines Wortes zum Anfangslaut eines neuen Wortes machen. Durch das Abrufen von Wörtern aus dem mentalen Lexikon festigen sie ihren Wortschatz. Mithilfe dieser Wortbildungsstrategie können sie später in der ersten Klasse leicht erkennen, dass sie ein neues Wort am Anfang mit einem grossen Buchstaben schreiben, wenn es ein Nomen ist und mit einem kleinen, wenn es ein Verb oder ein Adjektiv ist. Solche Wortbildungsübungen können die Kinder für die Wortarten sensibilisieren und implizit für die spätere Einführung in die Schriftlichkeit vorbereiten.

Der *Farbenkönig* nimmt nun Bezug auf das Regenbogenbild, das er als Geschenk erhalten hat und möchte in einem Experiment zeigen, wie sich der Regenbogen bildet.

7.4 Aus buntem Wasserlicht einen Regenbogen erzeugen

Sozialform:	Partnerarbeit, Gruppenarbeit
Kompetenzstufe:	II
Kompetenzen:	Die Kinder können durch das Experimentieren ihren Fachwortschatz erweitern, ihre Denkprozesse aktivieren und über gewonnene Erkenntnisse sprechen, die lautsprachliche Kompetenz konsolidieren.
Material:	Weisses Papier, Wasserglas, Taschenlampe

Möglicher Ablauf: Die Kinder führen dieses Experiment anhand ihres Forscherhefts in Partnerarbeit durch. Der *Farbenkönig* diskutiert mit ihnen zuerst im Plenum, ob sie schon einmal einen Regenbogen draussen in der Natur (z.B. bei einem Spaziergang mit den Eltern im Frühling oder Herbst) gesehen haben und ob sie schildern können, wie ein Regenbogen entsteht? Die Kinder stellen Vermutungen an und aktivieren dadurch ihr Vorwissen. Dann erklärt der *Farbenkönig* das Regenbogenphänomen wie folgt: «Das Licht ist nicht durchsichtig und besteht aus verschiedenen Farben: rot, orange, gelb, grün und violett. Wenn das Sonnenlicht auf das Wasser im Glas trifft, wird es in die verschiedenen Farben unterteilt. Deshalb kann man einen kleinen Regenbogen auf dem Papier erkennen».

Nun kündigt der *Farbenkönig* an, dass die Kinder jetzt selber ein Experiment mit dem bereitgestellten Material durchführen und dabei einen kleinen Regenbogen erzeugen können. Er gibt folgenden Hinweis dazu: «Das Glas füllt ihr halb mit Wasser. Dann legt ihr das weisse Papier genau an die Stelle, an der die Lichtstrahlen reflektiert werden. Daraufhin werdet ihr sehen, dass sich dabei ein kleiner Regenbogen bildet. Das nennt man Farbspektrum».

Die Kinder machen sich an die Arbeit und tauschen im Anschluss an das Experiment ihre Erkenntnisse im Plenum aus. Es entsteht ein reger Austausch, der als hochwertig für den Ausbau der Wortschatzkompetenz der Kinder bezeichnet werden kann.

Buntes Wasserlicht (Experimentidee nach: Gellersen/Velte, 2009)

Didaktischer Hinweis: Falls das Experiment bei regnerischem Wetter durchgeführt wird, werden Taschenlampen mit starkem Licht als Ersatz für die Sonne eingesetzt. Es ist wichtig, dass die Kinder vorgängig an die Arbeit mit einem 'Forscherheft' herangeführt werden und den Zweck dieses Arbeitsinstruments kennen.

Wortschatzaufbau beim Experimentieren: Dieses Experiment ermöglicht den Kindern, verschiedene Wortarten zu festigen und ihr Wortrepertoire durch zusätzliche Wörter zu erweitern. Als möglicher Vorschlag folgt eine Liste mit Nomen, Verben und Adjektiven, die sinnvollerweise nur im Kontext handlungsorientierter Aktivitäten geübt werden sollen und keinesfalls isoliert. Es sind Wortarten, die mit dem vorliegenden, aber auch den anderen bisherigen Handlungsaspekten und behandelten Inhalten zusammenhängen.

Nomen:	Experiment, Forscherheft, Partnerarbeit, Ergebnis, Licht, Sonnenlicht, Farben, Wasser, Glas, Regenbogen, Papier, Sonne, Wolke, Regen, Wetter, Gewitter, Arbeitsschritt, Vorwissen, Sonnenschein, Blitz, Donner, Wind, Nebel.
Verben:	forschen, experimentieren, zeichnen, vermuten, beobachten, überprüfen, diskutieren, erklären, verstehen, fotografieren, vergleichen, erkennen, festhalten, verknüpfen, aufpassen.
Adjektive:	bunt, durchsichtig, rot, blau, orange, gelb, grün, violett, farbig, genau, präzise, rund, eckig, offen, geschlossen, neugierig, lehrreich.

Übungen zum Aufbau lautsprachlichen Könnens: Grundsätzlich enthalten alle Wortschatzaktivitäten Wörter, die sich reimen (z.B. fotografieren-diskutieren) und in Silben zerlegt werden können: Re-gen-bo-gen, Buch-sta-ben usw. Hierfür kann die obige Wortschatzliste herangezogen und durch andere Wörter, die sich aus den bisher durchgeführten Aktivitäten ergeben hatten und bereits behandelt worden sind, ergänzt werden.

Als Anerkennung für das gelungene Experiment und das aktive Mitmachen schenkt der *Farbenkönig* jedem Kind ein Bildkärtchen mit einem Gegenstand darauf, der mit einem bestimmten Laut, wie z.B. /B/, /P/, /S/ oder /I/ beginnt. Auf dem Boden liegen Tücher in verschiedenen Farben und mit verschiedenen Buchstaben darauf. Jedes Kind nennt nun den Namen des Gegenstandes auf seinem Kärtchen, zerlegt diesen in Silben und legt das Kärtchen auf das Tuch mit dem entsprechenden Buchstaben.

Buchstaben, denen die Kinder entsprechende Bildkärtchen zuordnen können

Alle anderen Kinder wiederholen den gehörten Gegenstandsnamen und klatschen in die Hände, während sie den Namen in Silben zerlegen.
Sobald alle ihre Kärtchen auf den Bogen gelegt haben, spielt der *Farbenkönig* ein Rätsel dazu: Alle stehen auf, geben sich die Hände, bewegen sich im Kreis und singen: «Wir singen, wir sprechen, wir summen /B/ wie Bienen» (und sagen mehrmals b, b, b,...).

Alle singen das bewegte Lied der Laute

Der *Farbenkönig* lobt die Kinder und will wissen, ob sie noch mehr B-Wörter kennen? Die Kinder machen sich auf die Suche nach weiteren B-Wörtern und singen dazu. Hier ein Liedbeispiel auf Schweizerdeutsch: «Chum, mir sueched B-Wörter, B-Wörter; chum, mir sueched B-Wörter, alli mitenand». Die Kinder überlegen sich nun ein Wort mit dem Anfangslaut /B/ wie Blauland. Sobald ein Wort genannt wird, zerlegen es alle zusammen in Silben und klatschen gleichzeitig in die Hände.

Bei gleichzeitigem Üben von mehr als zwei verschiedenen Silben legt der *Farbenkönig* vorgängig nummerierte Reifen auf den Boden, damit die Kinder ihr Bild in den richtigen Reifen bringen können. Beispielsweise legen sie alle Wortkärtchen, die mit dem Laut bzw. Buchstaben /B/ beginnen, in den Reifen mit der Nummer eins.

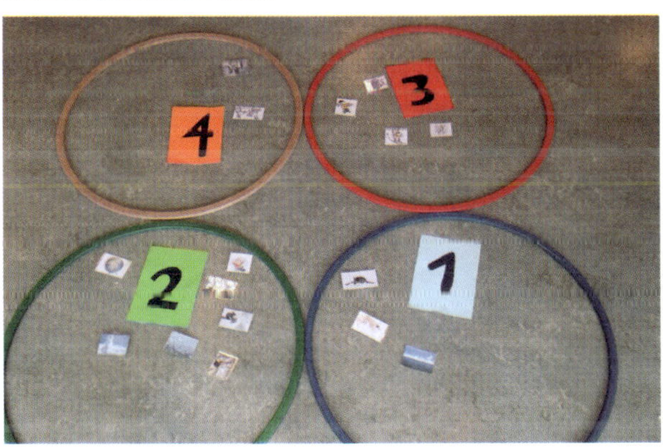

Erweiterung der Wortschatz- und Lautsprachkompetenz

Nun geht es darum, die Doppellaute (Diphtonge und Doppelkonsonanten) in bestimmten Wörtern zu erkennen und zu unterscheiden. Dazu exemplarisch einige Beispiele: *B* – ***Bl**au*, ***Bl**auland*, ***au*** – ***au**fpassen*, ***ss*** – *Wa**ss**er*; ***tt*** – *Karo**tt**e*. Alle Wörter, die vorgängig im Rahmen der phonologischen Bewusstheit im weiteren Sinn behandelt wurden, werden nochmals aufgegriffen und als Übung der phonologischen Bewusstheit im engeren Sinn vertieft. Im Rahmen dieser Übungen können auch Ko-Artikulationen (Vokal + Konsonant, z.B. *Anstand, Rohbau*) aufgegriffen und geübt werden.

In einer weiterführenden Vertiefungsübung gestalten die Kinder in Gruppenarbeit ein Plakat. Sie erhalten die Aufgabe, möglichst viele der gelernten Wörter als Zeichnungen oder geschriebene Wörter auf dem Plakat zusammenzutragen. Am Schluss werden die Plakate (A3-Blätter) präsentiert, d.h. jedes Kind einer jeweiligen Gruppe sagt, welches Wort oder welche Wörter es gezeichnet oder geschrieben hat.

Diese Aktivität wird mit einem passenden Lied abgerundet. Hier ein Liedbeispiel auf Schweizerdeutsch:

Mini Farb und dini

Mini Farb und dini,
das git zäme zwei,
wäred's drü, vier, füüf, sächs, sibe,
wo gern möchted zäme blibe,
gits en Rägeboge,
wo sich cha lo gseh... (aus: chinderliedli.ch)

7.5 Farbklekse

Sozialform:	Einzelarbeit
Kompetenzstufe:	I, II
Kompetenzen:	Die Kinder können experimentieren und dabei den Denkprozess aktivieren, ihren Fachwortschatz sowie die lautsprachliche Kompetenz aufbauen.
Material:	Pinsel, Filzstifte, Wasserglas, Kaffeefilter, Fliessblätter

Möglicher Ablauf: Die Kinder führen dieses Experiment anhand des Forscherhefts in Einzelarbeit durch. Ziel ist es, den Denkprozess der Kinder zu aktivieren und sie zu ermuntern, ihre Erkenntnisse zu erläutern.

Der *Farbenkönig* informiert darüber, dass die Kinder heute ein Farbenexperiment durchführen dürfen. Er zeigt ihnen das bereitgestellte Material und möchte wissen, ob sie eine Idee haben, was sie damit machen könnten. Diese Einstiegsfrage hat zum Ziel, das Vorwissen der Kinder zu aktivieren. Je nachdem, finden sich in einer Gruppe Kinder, die Erfahrungen mit Farbkleksen haben und ihren Kameraden vorzeigen und erklären können, wie sie vorgehen sollen. Falls nicht, erklärt der *Farbenkönig* die einzelnen Schritte wie folgt:

- «Zuerst kannst du mit einem Filzstift deiner Lieblingsfarbe in der Mitte des Kaffeefilters einen grossen Punkt malen.
- Dann kannst du den Pinsel ins Wasser tauchen und einen Tropfen auf den gemalten Punkt geben. Sobald du dies getan hast, wirst du sehen, dass daraus ein grosser, schöner Stern wird.
- Du kannst dasselbe mit verschiedenen Filzstiftfarben durchführen und wirst feststellen, dass die Sterne unterschiedlicher Grösse und Form sind. Diese Unterschiede kannst du dann im Plenum erläutern».

Im Anschluss an das Experiment tauschen die Kinder ihre vielfältigen Erkenntnisse aus: Einige von ihnen melden zurück, dass der Punkt immer grösser wurde, fast so gross wie die ganze Fläche des Kaffeefilters. Andere halten fest, dass sich die dunklen Farben in ihre Bestandteile aufteilen. Über diese Feststellung können die Kinder reflektieren und darüber diskutieren, was zu diesem Unterschied führt. Der *Farbenkönig* erklärt am Schluss, dass dies mit den unterschiedlichen Grössen der Farbteilchen zusammenhängt. Grössere Farbteilchen bleiben auf der Fläche des Kaffeefilters früher als die kleinen hängen und zeigt ihnen, wie sie die kleinen Farbteilchen mit dem Wasser mitziehen bzw. vergrössern können.

Didaktischer Hinweis: Bei der Erprobung zeigte sich, dass der Versuch mit weissen, weichen Kaffeefiltern oder Fliessblättern am besten gelingt.

Farbklekse (Experimentidee nach: Gellersen/ Velte, 2009)

Wortschatzübung: Die Kinder verbalisieren ihre Gedanken und bereichern dadurch ihren produktiven Wortschatz. Hierzu dient die nachstehende Wortschatzliste als Übungsvorschlag.

Nomen:	Filzstift, Schere, Farbe, Farbklecks, Holzstab, Papier, Wasser, Glas, Kaffeefilter, Stern, Punkt, Experiment, Forscherheft.
Verben:	vermischen, ausprobieren, tauchen, experimentieren.
Adjektive:	rot, rosa, violett, blau, grün, braun, gelb, orange, schwarz, hellblau, dunkelgrün, rosarot, dunkel, hell, schwach, leuchtend, blass.

Lautsprachübungen: Der *Farbenkönig* macht die Kinder darauf aufmerksam, dass sie nicht nur die Farben mischen können, sondern auch die Wörter, mit denen sie Farbennamen bezeichnen und nennt exemplarisch Beispiele dazu: *blau-grün* (für blaugrün), *rosa-rot* (für rosarot). Dann nennt er ausgewählte Wörter aus der obigen Wortschatzliste und fordert die Kinder auf, diese jeweils in Silben aufzusagen: *For-scher-heft, Ex-pe-ri-ment, Pa-pier, hell-blau, rot* usw.

In einer anspruchsvolleren Sequenz experimentieren die sprachstarken Kinder mit bekannten Wörtern, indem sie diese von rechts nach links aussprechen, wie z.B.: Farbklekse – Eskelkbraf, Pinsel – Lesnip. Solche Wortverdrehungen bzw. Zungenbrecher, die keinen Sinn ergeben, machen Kindern eine Menge Spass und ermöglichen ihnen zugleich, über verschiedene Facetten der Wörter zu reflektieren.

Hinweis: Wie im Theorieteil erwähnt, wissen die Kinder dieses Alters laut Spracherwerbstheorien was *rechts* oder *links* ist. Es gibt aber Kinder, die über einen geringen Wortschatz verfügen und sich deshalb nicht getrauen, sich mitzuteilen. Daher ist das letzte Beispiel eher für sprachlich sattelfeste Kinder gedacht. Dies bedeutet jedoch nicht, dass die Kinder mit geringen Wortschatzkompetenzen es nicht versuchen sollten.

Die in Silben zerlegten Wörter sollen unter die Lupe genommen werden, damit die Kinder wissen, aus welchen Lauten diese Wörter genau bestehen. Zudem sollen sie die feinen Unterschiede zwischen den einzelnen Lauten erkennen und diese auch richtig aussprechen. Hier einige Beispiele: *gelb, braun, karamell, lila*. Hierbei üben die Kinder An- und Endlaute, wie z.B.: *gelb* oder *kelp*; *blau* oder *plaw* oder *blao*; *rot* oder *lot* oder *jot*?

Mithilfe des *Farbenkönigs* unterscheiden nun die Kinder auf spielerische Weise zwischen kurzen und langen Wörtern: *Glas* (kurz), *Farbklekse* (lang). Dabei sollen sie den Unterschied zwischen ein- und mehrsilbigen Wörtern kennenlernen. Zudem ordnen sie die Wörter nach Anfangsbuchstaben: *blau, braun; gelb, grau, grün*.

Vers: Farbige Finger

Der Daumen ist weiss wie der Schnee
Der Zeigefinder ist grün wie der Klee
Der Mittelfinger ist blau wie der Himmel
Der Ringfinger ist grau wie der Schimmel
Der Kleinfinger ist gelb wie die Sonne

Ergänzend zu den bislang vorgeschlagenen Ideen folgen nachstehend weitere Beispiele zur Vertiefung in die Welt der Farben. Diese vertiefte Auseinandersetzung soll den Kindern ermöglichen, konkret zu handeln, über ihr Tun zu sprechen und dadurch ihre bildungssprachlichen Kompetenzen weiterzuentwickeln.

Auf spezifische Wortschatzübungen und solche zur Festigung der Lautsprache wird in diesem Kapitel nicht mehr explizit eingegangen. Es sei darauf hingewiesen, dass ähnlich wie bei allen obigen Beispielen auch hier kurze Sequenzen zur Vertiefung des Wortschatzes und der Lautsprache eingebaut werden können.

7.6 Die Welt der Farben näher kennen lernen

7.6.1 Einführung der Grundfarben blau, rot und gelb

Sozialform:	Einzelarbeit, Plenum
Kompetenzstufe:	I
Kompetenzen:	Die Kinder können über Farben sprechen, die Stimmung der blauen, roten und gelben Farbe wahrnehmen und diese mit farbigen Tüchern wiedergeben, durch die Auseinandersetzung mit farbigen Gegenständen ihr Wissen über Farben aufbauen.
Material:	Bilderbuch «Die Königin der Farben» von Juta Bauer; blaue, rote, gelbe Tücher, farbige Gegenstände

Anknüpfend an bisherige Handlungsaspekte rund um die Welt der Farben fragt der *Farbenkönig* die Kinder im Stuhlkreis, welche Farben sie kennen und welche ihre Lieblingsfarben sind. Daraufhin erzählt er den ersten Teil der Geschichte «Die Königin der Farben», während die Kinder aufmerksam zuhören.

Kinder erfahren mehr über die Welt der Farben

Danach bewegen sich die Kinder mit einem roten Tuch in der Hand, dessen Farbe zur erzählten Teilgeschichte passt und singen: «Rot ist stark und wild, rot ist die Farbe der Liebe». Dann folgt die Teilgeschichte zur Farbe gelb: «Gelb ist hell und glücklich, gelb ist die Farbe der Wärme». Am Schluss erzählt der *Farbenkönig* den dritten und somit letzten Teil der Geschichte zur blauen Farbe, während die Kinder zuerst zuhören und sich anschliessend mit einem blauen Tuch bewegen und singen: «Blau ist sanft und mild, blau ist das Blauland».

Tanz der Farben

Nachdem der *Farbenkönig* die ganze Geschichte erzählt hat, hält er die Kinder dazu an, Gegenstände im Raum zu sammeln und diese in der Kreismitte nach Farben zu ordnen.

Sie zählen die Gegenstände jeder Farbengruppe und diskutieren im Plenum, welcher Farbe am meisten Gegenstände zugeordnet wurden und womit dies zusammenhängen könnte. Vielleicht sind es die Farben aus der gerade erzählten Geschichte. Vielleicht kommen sie in der Geschichte gar nicht vor. Diese Diskussion regt zum Sprechen und zum Nachdenken an.

7.6.2 Mit Farben experimentieren

Sozialform:	Einzelarbeit, Plenum
Kompetenzstufe:	I, II
Kompetenzen:	Die Kinder können die Grund- und Mischfarben kennen lernen, mit Pinsel und Farben kompetent umgehen, die Farben beschreiben und dabei ihre Sprech- und Wissenskompetenz aufbauen.
Material:	Bilderbuch, Pinsel, Acrylfarbe oder Gouache, Papier, gemalte Bilder der Kinder

Der *Farbenkönig* zeigt den Ausschnitt des Bilderbuchs «Die Königin der Farben», auf dem sich die drei Farben rot, gelb und blau treffen. Zusammen mit den Kindern möchte er damit experimentieren. Zuerst erklärt er den Umgang mit dem Pinsel und den Farben und ermutigt die Kinder, damit zu üben. Sie experimentieren und leiten aus dem Mischverhalten und der Kombinationswirkung dieser drei Grundfarben erste Erkenntnisse ab. Ihre Erfahrungen tauschen die Kinder im Plenum aus. Dieser Austauschrunde, die der *Farbenkönig* moderiert und strukturiert, folgt ein Vers mit Bewegung:
Ich bin en Malermeister und sueche mir än Gsell,
wenns eine isch, wo d'Farbe kennt,
de nimm en uf de Stell,
wenns eine isch, wo d'Farbe kennt,
de nimm en uf de Stell.
(Quelle: www.jelgi.com; Kopiervorlage mit Noten siehe Anhang)

Ein Kind spielt dabei den Malermeister und geht mit einer Farbpalette mit den drei Grundfarben sowie einem Pinsel im Kreis herum. Am Ende des Verses bleibt der Malermeister bei einem Kind stehen und zeigt mit dem Pinsel auf eine Farbe, deren Namen das ausgewählte Kind nennen soll. Damit schliesst der Malermeister die Auseinandersetzung mit den Grundfarben ab.

7.6.3 Farben mischen in verschiedenen Stufen

Sozialform:	Einzelarbeit, Gruppenarbeit, Plenum
Kompetenzstufe:	I, II
Kompetenzen:	Die Kinder können die Farbproben nach Helligkeit ordnen und dabei eigene Ideen entwickeln, eine Farbe heller oder dunkler zu bekommen.
Material:	Farbmuster, Pipetten: 10er-Pack, Farbe, Gläschen, Unterlage, Pinsel, Papier, Buch (siehe oben)

Der *Farbenkönig* legt die vorbereiteten Farbstufen von Blau durcheinander auf den Boden. Er fordert beim Einstieg die Kinder auf, gemeinsam diese Proben der Reihe nach zu ordnen: von hell zu dunkel und umgekehrt. Daraufhin modelliert er, was passiert, wenn man weiss oder schwarz zu blau hinzufügt. Zudem demonstriert er den Umgang mit Pipetten und weist die Kinder darauf hin, bei der Arbeit damit darauf zu achten, sich nicht zu verletzen. Bevor die Kinder selber aktiv werden, stellt der *Farbenkönig* das Farblabor zum Farbenmischen vor und zeigt, wie die Kinder mithilfe von Rot die blaue Farbe aufhellen oder abdunkeln können.

Im Anschluss daran erhalten die Kinder die Grundfarbe rot für den Sommer, blau für den Winter sowie ein Zeichnungsblatt und experimentieren damit in ihrer Gruppe. Mithilfe der Pipetten mischen sie in Gläschen ihre Farben. Mit den gemischten Farben und dem Pinsel malen sie individuell ein Bild.

Als Abschluss spielen alle folgendes Spiel: Immer wenn das Wort *rot* vorkommt, muss die Gruppe A wegrennen, während die Gruppe B diese zu fangen versucht und umgekehrt beim Wort *blau*.

7.6.4 Eine Blumenwiese als gemeinsames Werk gestalten

Sozialform:	Einzelarbeit, Plenum
Kompetenzstufe:	II
Kompetenzen:	Die Kinder können mit Materialien, Gegenständen und Bildern aus der eigenen Lebenswelt auf kreative Weise experimentieren, die Farben mischen und ordnen, ihren Wortschatz konsolidieren.
Material:	Blumen, Gouachefarben, Pinsel, Wassergläser für alle Kinder

Idealerweise pflücken die Kinder vorher, zum Beispiel bei einem Ausflug oder Waldmorgen in der Natur oder beim Besuch eines Bauernhofs verschiedene Blumen und nehmen diese mit in den Kindergarten (diese Möglichkeit hängt freilich von der Jahreszeit ab). Zu Beginn dieser Aktivität betrachten alle die mitgebrachten Blumen und beschreiben deren Farben im Stuhlkreis. Sie lassen sich dabei von den vielfältigen Blumenfarben inspirieren. Der *Farbenkönig* erteilt ihnen die Aufgabe, unterschiedliche Frühlingsfarben zu mischen und damit eine eigene Frühlingsblume sowie eine Wiese zu malen. Am Schluss geben sich die Kinder im Plenum eine Rückmeldung zu den entstandenen Bildern und erzählen von Ihren Erfahrungen während der Farb- und Blumenmischung.

Kinder beim Malen

7.6.5 Gemeinsam eine Wiese malen

Sozialform:	Partnerarbeit, Gruppenarbeit
Kompetenzstufe:	II
Kompetenzen:	Die Kinder können neue bildnerische und kreative Ausdrucksmöglichkeiten spielerisch und experimentierend entdecken, Farben mischen und ordnen, ihre Sprechkompetenz erweitern.
Material:	Farbige Gegenstände, Malschürze, Gouachefarben, Wasserfarben, Pinsel, Pappkartonteller, grosszügig langes Papier, Malunterlage

Der *Farbenkönig* zeigt den Kindern drei Gegenstände in den Farben gelb, blau und grün. Die Kinder betrachten die Gegenstände und besprechen zu zweit ihre Vermutungen zum Zusammenhang dieser drei Farben. Ziel ist es, das Vorwissen der Kinder zu aktivieren und eine Sprechsequenz zu evozieren. Anschliessend ziehen sie die Malschürzen an und schauen zuerst zu, wie der *Farbenkönig* die Farben vorbereitet. Nun lautet der Auftrag in dieser zunächst angeleiteten Sequenz wie folgt: Jedes Kind nimmt aus den kleinen Schalen ein wenig gelbe und blaue Farbe und stellt diese in seinen zugeteilten Pappkartonteller. Mit dem Pinsel experimentieren die Kinder nun, indem sie die innere Fläche ihres Pappkartontellers zuerst mit etwas mehr gelb, dann mit etwas mehr blau bemalen und dabei die Farben mischen.

Daraufhin stellt der *Farbenkönig* den Kindern weisse und schwarze Farbe zur Verfügung, damit sie diese zusätzlich mischen können. Dann fragt er, welche Farben aus dieser neuen Mischung entstanden sind? Die Kinder melden zurück, dass durch die Zugabe weisser Farbe die Farben heller und durch zusätzlichem

Kinder malen gemeinsam eine Frühlingswiese

Schwarz dunkler werden. In einem nächsten Schritt geben sie den bisherigen Farben Grüntöne bei, damit sie eine bunte Farbenmischung erhalten. Durch dieses Experimentieren mit Farben erkennen die Kinder, dass die Farben vielseitig einsetzbar sind und sie damit vielfältig arbeiten können.

Zum weiteren Üben liegen auf einer Unterlage auf dem Boden und auf den Tischen lange, grossflächige Zeichnungsblätter (jeweils drei zusammengesetzte A3-Blätter). In Dreiergruppen dürfen die Kinder mit ihren Wasserfarben dieses Papier bemalen und dabei eine grosse Blumenwiese gestalten. Während die einen Gruppen malen, mischen die anderen ihre Farben. Sie können mit einem Pinsel oder mit den Fingern malen.

7.6.6 Höhlenmalerei

Sozialform:	Gruppenarbeit, Plenum
Kompetenzstufe:	II, III
Kompetenzen:	Die Kinder können Farben gegenstandsbezogen mischen und einsetzen, durch Vergleiche zwischen der eigenen Fantasie und der Betrachtung der Kunstwerke aus der Vorzeit ihr Vorstellungsvermögen entwickeln.
Material:	Ungiftige Materialien, aus denen man Farben gewinnt; Tonplatte, Farbtöne (grün, braun, rot, gelb, orange usw.), organische und mineralische Farbpigmente (Kohle, Kreide, Ziegelstein, Erde, Ton), Bindemittel (Eiweiss/Eigelb, Honig, Kleister), unterschiedliche Bildträger wie Steine, Felsen, Tonplatten, Leintücher, weisse A4-Blätter, Pinsel/Feder, Glas mit Wasser, drei Mischgefässe, Bilder aus der Höhlenmalerei

Der *Farbenkönig* zeigt im Stuhlkreis Bilder aus der Höhlenmalerei (z.B.: www.kunstnet.de) und lässt die Kinder zunächst die einfachen und abstrakten Symbole darauf auf ihre Weise interpretieren. Anhand des vorgängig bereitgestellten Materials modelliert er die Herstellung von Naturfarben. (Optimal ist es, wenn ein Teil der Materialen und der Gegenstände vorher mit den Kindern in der Natur gesammelt wurde.) In kleinen Gruppen mischen die Kinder diejenigen Farben, die sie für ihr Produkt (z.B. Bild) benötigen. Bei Bedarf hilft der *Farbenkönig*, die Farben zu mischen. Jetzt können sie Probeversuche durchführen.

Farbmischungen für Höhlenmalerei

Nach diesem ersten Versuch diskutieren alle im Stuhlkreis, aus welchen Naturalien welche Farben gewonnen werden und erhalten die Aufgabe, Farben aus Bindemittel, Wasser und den Materialien zu erstellen. Für die Arbeit in kleinen Gruppen hat der *Farbenkönig* vorgängig folgendes Material bereitgestellt: weisses Papier, Bildträger, Pinsel, Glas mit Wasser, drei Mischgefässe, drei Bindemittel (Eigelb, Eiweiss, Kleister). Er macht die Kinder darauf aufmerksam, dass sie zu Beginn wenig Wasser nehmen sollen. Mit den erstellten Farben malen sie verschiedene Bildzeichen und Symbole auf den bereit stehenden Bildträger. Sie stellen ihre Produkte im Plenum vor.

Abschliessend zeichnen die Kinder eine Landkarte für den *Farbenkönig*, der nicht mehr weiss, wie er in sein Blauland zurückkommt. Die Landkarte stellt eine Phantasiereise dar, deren Ausgang offen bleibt.

Kinder zeichnen eine Landkarte für den Farbenkönig aus dem Blauland

Zusammenfassung und Ausblick

Sprachliche und gestalterische Kompetenzen bilden eine Einheit der Bildungssprache und sollten als solche Niederschlag im Kinderarten-, Grundstufen- und Basisstufenalltag finden. Vorstellungsbildung und Bilder verleihen der universellen kindlichen (Bild)Sprache Ausdruck. Die Eingangsstufe ist der perfekte Ort, der die Vorlieben, Interessen und individuellen Voraussetzungen der Kinder berücksichtigen kann. Hier erhalten die Kinder einen Rahmen, in dem sie durch die Auseinandersetzung mit verschiedenen sprachlich-gestalterischen Aktivitäten und anderen Themen sich ästhetisch, motorisch und kognitiv entfalten und immer neue Lösungswege zur Entdeckung ihrer Umwelt finden können.

Es liegt im professionellen Ermessen jeder Lehrperson, die Kinder sowohl anhand von thematischen Vorgaben gestalterisch und bildungssprachlich handeln zu lassen als auch ohne vorgegebene Inhalte und akribisch vorausgeplante

Arbeitsschritte in spielerische Gestaltungsprozesse eintauchen zu lassen. Heyl und Schäfer halten in diesem Zusammenhang Folgendes fest: «Situationen zu erkennen und zu schaffen, in denen die Kinder ihr 'Thema' selbst finden, in denen es im direkten und übertragenen Sinn Spielräume gibt, halten für den Pädagogen viel Unvorhersehbares, dabei aber auch viel Spannendes und Anregendes bereit» (Heyl/Schäfer, 2016, 179). Ziel soll es sein, im kreativen Schaffen Sprache, Kunst und Gestaltung zu einer Einheit zu verbinden und als Paket im Kontext der Bildungssprache auf der Eingangsstufe auszuleben.

Von eigenen Bildern oder Werken bekannter Künstler zu erzählen, ist ein nützliches Element der Bildungssprache. Der Erzählwert eines Bildes ergibt sich aus dem selbstgewählten oder angeleitet vorgebebenen Thema, das mit den Wünschen, Vorstellungen, Erlebnissen oder dem Wohlbefinden eines malenden Kindes zusammenhängen kann. Ein Kind hält an einem Erzählwert so lange fest und wiederholt dies in seinen Bildern, bis es diesen im freien Malen ausgedrückt hat und für das nächste Thema bereit ist.

Ähnlich verhält es sich beim Vorlesen einer Geschichte oder Vorsingen eines Liedes vor dem Einschlafen. Monatelang hören die Kinder dasselbe Lied und dieselbe Geschichte, oft mit mehrfachem Wiederholungswunsch in gleicher Abfolge. Angesichts der Tatsache, dass die meisten Kinder in der Regel die erste Kunstbegegnung durch Bilderbücher machen, empfiehlt es sich, auf der Eingangsstufe verschiedene Bilderbücher zu besprechen. Beispielsweise können die Kinder ihr Lieblingsbuch von zuhause in den Kindergarten mitbringen oder anhand von kopierten Werken aus Kunstbüchern oder Künstlerportalen darüber berichten. Eine besondere ästhetische Erfahrung ermöglicht auch die Begegnung mit Originalen in ausserschulischen Lernorten, einem Museum, Ausstellungsraum oder Künstleratelier. Hier lassen sich auch stufenspezifische Kunstvermittlungsworkshops organisieren. So erhalten die Kinder Zugang zu unterschiedlichen Arten von Bildern und können ihre eigenen Werke mit fremden vergleichen. Sie können das Wissen sowie ihre persönlichen ästhetischen Empfindungen und Urteile zu inhaltlichen und formalen Bildaspekten gegenseitig kommunizieren sowie ihre Bildkompetenz und Bildungssprache umfassend erweitern.

8 THEMA ZIRKUS ALS VIELSEITIGES LERNFELD DER BILDUNGSSPRACHE

Lernfeld	Sprache(n), Bewegung und Sport, Musik — Zyklus 1: Schwerpunkt Kindergarten, Grundstufe, Basisstufe
Kompetenzen	**Anmerkung:** Auch durch die Vorschläge in diesem Kapitel lassen sich grundsätzlich alle im Kapitel 6 aufgeführten Kompetenzen aus dem Bereich Deutsch und einzelne aus dem Bereich Bildnerisches Gestalten (siehe Kapitel 7) fördern. Passend zu den Beispielen dieses Kapitels werden hier folgende Kompetenzen aus dem Lehrplanbereich Bewegung und Sport sowie Musik aufgeführt: **Darstellen und tanzen: BS.3** *C Tanzen* 1. Die Kinder können Bewegungsfolgen und Tänze zu Musik gestalten. 1a. Die Kinder können Bewegung und Tempo der Musik anpassen. 3a. Die Kinder können sich in der Gruppe bewegen und respektvoll verhalten. **Spielen: BS.4** *A Bewegungsspiele* 3. Die Kinder können Spiele spielen, erfinden und dabei Vereinbarungen einhalten. b. Die Kinder können sich in verschiedenen Rollen im Spiel beteiligen (z.B. Singspiele, Platzsuchspiele) und Regeln einhalten. **Singen und Sprechen: MU.1** *C Liedrepertoire* 1. Die Kinder können Lieder aus verschiedenen Stilarten singen. b. Die Kinder können Singspiele aus ihrer Lebenswelt spielen.
Kompetenzebenen	**Wortebene (Kompetenzstufe I):** Die Kinder sind auf die aktive Unterstützung der Lehrperson angewiesen, wenn sie Verse, Liedertexte sprachlich und musikalisch umsetzten oder mit Wörtern Sätze bilden müssen. **Satzebene (Kompetenzstufe II):** Die Kinder können die hier präsentierten Anregungen aus dem Wortschatz- und Lautsprachbereich ihrem Alter entsprechend sprachlich wiedergeben, benötigen jedoch teilweise die Unterstützung der Lehrperson. **Textebene (Kompetenzstufe III):** Die Kinder können die Aktivitäten in diesem Kapitel ihrem Alter entsprechend sprachlich verbalisieren, dabei ihr

	Vorwissen in die Präsentation der Inhalte einfliessen lassen und Schlussfolgerungen ziehen. Sie brauchen selten die Unterstützung der Lehrperson. Anmerkung: Die Beispiele in diesem Kapitel berücksichtigen alle drei Kompetenzstufen und gewährleisten, dass die Kinder ihrer Entwicklung entsprechend sprachlich, motorisch und musikalisch handeln können. Der Fokus liegt dabei in der Förderung des Wortschatzes und der Lautsprache. Die Hinweise beziehen sich auf den Schwierigkeitsgrad bestimmter Übungen sowie auf didaktische Aspekte. Die als anspruchsvoll gekennzeichneten Übungen richten sich primär an diejenigen Kinder der Eingangsstufe, die über gute bildungssprachliche Kompetenzen verfügen.
Ziel	Durch die Anregungen aus dem Lernfeld *Zirkus* werden die Kinder unterstütz, ihre Wortschatz- und Lautsprachkompetenzen auf- und auszubauen.

8.1 Zur Relevanz des Themas Zirkus für die Bildungssprache

Das Thema *Zirkus* gehört zu den Lernfeldern, die in der Regel auf der Kindergarten-, Grund- und Basisstufe behandelt werden. Dadurch erhalten die Kinder früh Zugang zu diesem Thema und können eine Menge davon erzählen. Gleichzeitig ist dieses Thema bei den Kindern dieses Alters beliebt. Es bietet eine Fülle an Möglichkeiten, die sich nicht nur auf das rein Sprachliche, Kognitive, Motorische oder Musikalische beschränken, sondern auch emotionale, soziale und weitere überfachliche Komponenten umfassen, «die im gemeinsamen *Spiel* mit Klängen und Lauten vor allem die *körperlich-sinnlichen* Erfahrungen anregen und bereichern» (Stadler Elmer, 2000, 177).

Daraus folgt, dass dieses Lernfeld Kindern ermöglicht, die bislang genannten Bereiche sinnlich, handelnd, visualisierend und verschriftlichend zu erfahren und ihre bildungssprachlichen Kompetenzen schrittweise aufzubauen.

8.1.1 Sprachaspekte

Das Thema *Zirkus* ist in Bilderbüchern, Theaterstücken, Schulfesten und anderen kulturell-literarischen Bereichen ein vielseitiges Lernfeld. Es ermöglicht viele Sprech- und Spielanlässe sowie Möglichkeiten zum Üben des Wortschatzes, der Lautsprache und anderer bildungssprachlich relevanter Aspekte.

Durch das Üben von Lauten mit ihren Verbindungen im An-, In- und Endlaut, die beim Sprechen auftreten, verbessern insbesondere Kinder mit 'verwaschener Aussprache' ihre Artikulation. Im Wortschatzbereich finden sie für Gegenstände, Sachverhalte und Situationen rund um den Zirkus treffende Wörter und präzisieren zugleich ihre Wortbedeutungsfähigkeit (lexikalisch-semantische Kompetenz). Auf der Satzebene entwickeln die Kinder ihre sprachliche Differenzierungsfähigkeit, indem sie veranlasst werden, nicht nur Hauptsätze, sondern auch konditionale und kausale Beziehungen mit Nebensätzen zu formulieren

(Bsp.: Wenn der Zirkusdirektor hineinkommt, dann...). Auch Konjunktionen wie etwa *weil* statt *wegen dem* werden geübt (morpho-syntaktische Kompetenz).

Darüber hinaus können die Kinder zum Thema *Zirkus* eine Aufführung für ihre Eltern vorbereiten und dabei ihre Stimme der Rolle bzw. Situation entsprechend einsetzen: laut, flüsternd, langsam, schnell usw. Sie variieren den Klang ihrer Stimme und betonen bestimmte Laute (z.B. Konsonanten) und üben ihre prosodische Kompetenz.

8.1.2 Didaktische Anregungen zur Umsetzung

Die Aktivitäten in diesem Kapitel lassen sich grundsätzlich mit den Beispielen, die in den vorhergehenden Kapiteln vorgeschlagen werden, gut kombinieren. *Zirkus* ist ein lernfeldübergreifendes Thema, das insbesondere Sprache, Bewegung und Musik verbindet und Kindern dadurch ermöglicht, mehrere Fähigkeiten und Fertigkeiten gleichzeitig auf- und ausbauen.

Auch in diesem Kapitel ist die Hauptfigur eine Handpuppe, die hier *Johanna* genannt wird und quasi als 'Vorbild' die Kinder beim Erlernen der Bildungssprache begleitet, unterstützt und mit ihnen interagiert. Ein Beispiel, das hier vorweggeschickt wird, soll dies illustrieren: Auf einem Tuch am Boden liegt eine bestimmte Anzahl Wortkärtchen oder Gegenstände rund um das Themenfeld Zirkus. *Johanna* (die Lehrperson übernimmt diese Rolle) betrachtet zunächst mit ihrem Fernrohr (Küchenpapierrolle) die auf dem Boden liegenden Gegenstände und stellt Fragen: «Wie heisst wohl dieses schöne Ding hier? Ich kenne es nicht, kann mir jemand helfen und davon erzählen?» Sie nimmt den besagten Gegenstand (z.B. Zirkuspeitsche) zu sich und lässt die Kinder herausfinden, wie dieser heisst und wofür er im Zirkus verwendet wird. Ist der Name bekannt, überreicht sie das Fernrohr demjenigen Kind, das neben ihr auf der linken Seite sitzt. Das Kind soll nun mit dem Rohr die Gegenstände auf dem Boden betrachten und die Rolle mitsamt den Fragen seiner Vorsprecherin übernehmen. Dann nimmt es ebenfalls einen Gegenstand oder ein Wortkärtchen zu sich und reicht das Fernrohr seinem Nachbarkind weiter. Falls am Schluss noch einige Gegenstände auf dem Boden liegen, deren Namen die Kinder noch nicht kennen, legt *Johanna* diese zunächst in eine Wortschatztruhe. Diese Gegenstände werden die Kinder nochmals genau betrachten und auch lernen, wie sie sich nennen. *Johanna* ist neugierig und will wissen, wie diese Dinge heissen: «Sag mir bitte, wie dieses Ding in meiner Hand heisst!». Damit ermutigt sie die Kinder, das Ding zu beschreiben und zu benennen (z.B. Artist). Die wissbegierige *Johanna* beteiligt sich an der Diskussion, wiederholt den Namen des genannten Gegenstandes und ergänzt: «Jetzt weiss ich, warum er *Artist* heisst. Er arbeitet im Zirkus und kann sich von Trapez zu Trapez schwingen oder ein Riesenrad fahren» usw. So werden alle *Zirkuswörter* benannt, beschrieben und in verschiedenen Zusammenhängen spielerisch besprochen.

Thema Zirkus als vielseitiges Lernfeld auf der Kindergarten-, Grund- und Basisstufe

Damit die neu gelernten Wörter aus dem Themenfeld *Zirkus* auch vernetzt werden und im Langzeitgedächtnis haften bleiben, ist eine Wiederholung in zusammenhängenden Sprachaktivitäten nötig. Hilfreich ist es, wenn die neu eingeführten Wörter als Bilder oder Kunststoffgegenstände für die Kinder sichtbar sind.

Die Aufnahme- und Speicherfähigkeit der Eingangsstufenkinder wächst schnell, und ihr Wortrepertoire macht enorme Fortschritte. Dies kann umso besser gelingen, wenn die Kinder viel interagieren und die Lehrperson fragen können, wenn sie den Namen eines Objekts noch nicht kennen.

Die Lehrperson kann mit ihrem fachdidaktischen Können und als Sprachvorbild gezielt die Aufmerksamkeit der Kinder auf die Wortvielfalt lenken und dazu beitragen, dass sie die Wörter in wiederkehrenden Sprechaktivitäten anwenden. Üben in verschiedenen Sprachspielsituationen ist eine der wichtigsten Voraussetzungen hierfür. Zumal die Wörter (von Ausnahmen abgesehen) bis zu fünfzig Mal in verschiedenen thematischen Kontexten wiederholt werden müssen, bis sie langfristig im mentalen Lexikon gespeichert sind und aktiv verwendet werden können.

Hierzu empfehlen sich sogenannte Wortschatztruhen. Darin befinden sich Gegenstände, deren Namen täglich in kurzen Sequenzen geübt werden. Jedes Mal darf ein anderes Kind die Wortschatztruhe öffnen und die Gegenstände herausnehmen. Das Kind nennt dabei den Namen jedes Gegenstandes, den es in die Hand nimmt und *Johanna* weitergibt. Im freien Spiel können alle Kinder damit weiterspielen und sich die Namen der Gegenstände einprägen.

Auf diese Weise üben die Kinder implizit auch die verschiedenen, später immer bedeutsamer werdenden Wortarten, indem sie die Eigenschaften und die Funktion der Gegenstände erläutern. Präpositionen wie *auf, in, unter, neben* usw. sowie weitere Aspekte der Bildungssprache werden dabei ebenfalls verwendet und wiederholt.

Hinweis: Es wäre optimal, wenn die Kinder am Schluss dieses Themas eine Zirkusaufführung konkret miterleben bzw. mitgestalten könnten.

8.2 Hurra, Zirkus Zottelbär ist da

Sozialform:	Plenum
Kompetenzstufe:	I, II, III
Kompetenzen:	Die Kinder können dialogisch zirkusspezifische Gespräche führen und ihren produktiven Fachwortschatz aufbauen, die Lautsprachkompetenz vertiefen, die Merkfähigkeit und Begriffsbildung erweitern.
Material:	Bilderbuch «Vom Hut, der nicht zaubern wollte» von Susan Niessen und Antje Drescher, Leitfigur Johanna mit Hut (Puppe), Memory-Kärtchen (laminiert), Bilder aus dem obigen Bilderbuch, Fliegenklatsche, Stofftiere (Kinder sollen diese mitbringen)

Möglicher Ablauf: Zu Beginn der Sequenz stellt die Lehrperson kurz das Lernfeld *Zirkus* vor und erklärt die Ziele. Sie kündigt zudem an, dass die Kinder viele lustige Sprech-, Bewegungs- und Tanzspiele durchführen werden und sich als Zirkusleute verkleiden dürfen. Dann nimmt sie eine farbige Schatulle hervor und fragt die Kinder, ob sie erraten können, was darin sein könnte? Diese Einstiegsfrage aktiviert das Vorwissen der Kinder und kann eine erste Sprechsequenz mit lustigen und phantasievollen Ausdrücken darstellen.

Daraufhin darf sich ein Kind als Zirkusclown verkleiden und die Schatulle durch ein anderes Kind im Stuhlkreis öffnen lassen. Darin befindet sich die Handpuppe *Johanna*. Die Lehrperson teilt den Kindern mit, dass *Johanna* ihnen viele Neuigkeiten über den *Zirkus* zu erzählen hat und mit ihnen viel spielen wird. Die Kinder freuen sich und singen im Stuhlkreis ein Begrüssungslied für *Johanna*.

Puppe Johanna wird den Kindern vorgestellt

Johanna bedankt sich für das schöne Willkommenslied. Sie möchte den Kindern nun die Geschichte eines Hutes erzählen, der bei der Zirkusvorführung nicht zaubern wollte.

Bildkarten aus dem Bilderbuch «Vom Hut, der nicht zaubern wollte»

Didaktischer Hinweis: Exemplarisch wird hier das Bilderbuch «Vom Hut, der nicht zaubern wollte» von Susan Niessen und Antje Drescher verwendet. Für die Auseinandersetzung mit dem Thema *Zirkus* kann natürlich jedes beliebige Bilderbuch herangezogen werden, das zum Thema passt und den Voraussetzungen der Kinder entspricht.

Während *Johanna* die Geschichte erzählt, zeigt sie die entsprechenden Bildszenen im Buch. Danach fragt sie die Kinder, ob sie nun die gehörte Geschichte auch erzählen (konstruieren) könnten. Die Kinder wiedergeben das Gehörte in ihrer Erzählweise. Beispielsweise nennen sie die Figuren auf dem jeweiligen Bild und beschreiben die typischen Merkmale und Eigenschaften derselben. *Johanna* möchte nun die benannten Wörter klatschend in unterschiedlichem Tempo üben: langsam, schnell, normal.

In einer nächsten Sequenz stellt *Johanna* laminierte Bilder aus dem Buch bereit und erteilt den Kindern die Aufgabe, die Geschichte des 'trotzigen' Hutes zu erzählen und dabei die Bilder in die richtige Reihenfolge zu legen. In Dreiergruppen erzählen sich die Kinder die Geschichte. Durch diese Aufgabe entstehen monologische und dialogische Sprechsituationen, die wertvoll für den Aufbau des rezeptiven und produktiven Wortschatzes sowie der Erzählkompetenz sind.

Kinder erzählen die Geschichte eines Zauberhutes und ordnen die Bilder dazu

Zum weiteren Üben des Wortschatzes und der Lautsprache dienen die nachstehenden Wörter, die jedoch im Kontext der vorgängig erzählten Geschichte und handelnd eingeführt werden sollten.

Übungen zum Aufbau des Wortschatzes: *Johanna* fordert die Kinder auf, möglichst viele Wörter rund um das Thema *Zirkus* zu nennen und hält diese auf Zetteln fest. Dann legt sie die gesammelten Wörter in die Stuhlkreismitte. Die Wortsammlung kann aus folgenden Wörtern bestehen: *Zylinder, Zirkuskind, Zopf, Zauberumhang, Zauberhut, Zauberer, Zauberstab, Hase, Johanna, Zauberkasten, Zauberwort.*

Jetzt sollen alle diese Wörter im Plenum besprochen werden. *Johanna* geht hierbei einen Schritt weiter und fragt die Kinder, weshalb sie meinen, dass diese Wörter mit dem Zirkus zusammenhängen? Die Diskussion, die dabei entsteht, ist sowohl für den Wortschatzaufbau als auch für die Sprechkompetenz nützlich.

Diese Wortschatzsequenz kann durch eine Wortbildungssequenz ergänzt werden. Die geübten Wörter aus dem Lernfeld *Zirkus* bieten dazu eine gute Möglichkeit. Ergänzende Wortbildungsübungen dieser Art sind von grosser Bedeutung, weil die deutsche Sprache viele zusammengesetzte Wörter (auch Komposita genannt) hat. Nebst Vor- und Nachsilben zählen zusammengesetzte Wörter zu den produktivsten Wortbildungsarten des Deutschen. Sie sind sehr wichtig für die Erweiterung des Wortschatzes. Einige Beispiele dazu: *Zirkus + Rad = Zirkusrad, Zirkus + Kind = Zirkuskind, Zauber + Hut = Zauberhut, Zauber + Stab = Zauberstab* usw.

Didaktischer Hinweis: Auf diese Weise können zusammengesetzte Nomen über das Thema *Zirkus* hinaus geübt werden. Beispielsweise wird im Stuhlkreis aus jedem Kind ein *Zirkuskind, Zauberkind, Tigerkind* usw. Erfahrungsgemäss lieben die Kinder solche spielerische Auseinandersetzungen mit der Wortvielfalt.

Nun möchte *Johanna* mit den Kindern noch mehr lustige Wortschatzspiele spielen und beginnt mit einem sogenannten *Wortbombenspiel*. Ziel dieses Spiels ist es, möglichst viele passende *Zirkuswörter* zu den Bildern auf den Karten zu nennen. Die Kinder sitzen oder stehen im Stuhlkreis. In der Mitte liegt auf dem Boden ein Stapel mit Bildkärtchen. *Johanna* erklärt den Spielverlauf: «Jedes Kind darf der Reihe nach die Wortbombe (aus Plastik) in der Hand halten. Ich nehme jeweils eine Karte aus dem Stapel und lege sie aufgedeckt daneben. Dann zähle ich bis fünf. Dasjenige Kind, das die Wortbombe in der Hand hält, soll den Namen des Bildes auf der aufgedeckten Karte nennen und damit einen Satz bilden (steht z.B. auf der Karte ein Artist, so sagt das Kind: Der Artist tanzt auf dem Zirkusseil). Die anderen Kinder hören aufmerksam zu und sagen zunächst nichts. Kann ein Kind nicht sagen, wie das Bild auf der Karte heisst und kann damit keinen Satz bilden, nimmt es die Karte zu sich und behält sie. Später wird es damit zusammen mit *Johanna* üben und den Wortschatz aufbauen. Dann gibt es die Wortbombe dem nächsten Kind weiter. *Johanna* legt die nächste Karte auf und zählt wieder bis fünf. Bildet das Kind mit seiner Karte einen Satz, gibt es die Wortbombe weiter. Die Karte bleibt auf dem Stapel mit den aufgedeckten Karten. Das Spiel geht so weiter, bis es keine Karten mehr auf dem ursprünglichen Stapel gibt». *Johanna* sammelt nun die Karten, mit denen keine Sätze gebildet werden konnten und übt diese mit den betreffenden Kindern.

Hinweis: Kinder mit geringem Wortschatz, die noch keinen Satz bilden können, dürfen nur den Namen der Figur auf dem jeweiligen Bild nennen.

Falls mehrere Kinder Unterstützungshilfe brauchen, können sie die Wörter zu zweit mit sprachgewandten Kindern üben.

Die explodierende Wortbombe

Der Zirkusdirektor hat gesagt: «Alle Kinder...»

Für dieses Spiel hat *Johanna* die Kinder im Vorfeld gebeten, ihr *Kuscheltier* von Zuhause mitzubringen. Alle Kinder sitzen im Stuhlkreis und halten ihr Stofftier in der Hand. Ein Kind darf sich auf *Johannas* Stuhl setzen und sein Stofftier zeigen. Dann darf es die Rolle des Zirkusdirektors übernehmen und seinen Kameraden Anweisungen geben, wie sich diese bewegen sollen. Beispiel: «Der Zirkusdirektor hat gesagt: Alle Kinder stehen auf dem Stuhl und halten ihr Tier hoch in die Luft!» Die Kinder führen die Anweisung des *Zirkusdirektors* aus. Danach setzen sie sich wieder hin und warten auf die nächste Anweisung des Zirkusdirektors. Das nächste Kind spielt nun den Zirkusdirektor und gibt eine eigene Anweisung, die sich von derjenigen seines Kollegen oder seine Kollegin unterscheidet. Ziel ist es, sowohl den rezeptiven als auch den produktiven Wortschatz zu erweitern.

Der Zirkusdirektor hat gesagt...

Hinweis: Für Kinder mit geringen Deutschkenntnissen sind Übungen dieser Art am Anfang herausfordernd, weil sie sich sprachlich noch wenig ausdrücken können. Die Sprechrolle kann am Anfang die Lehrperson oder ein Kind mit guten Deutschkompetenzen übernehmen, während das Kind mit limitiertem Deutsch Bewegungen dazu macht und seine Körpersprache einsetzt. Auch wenn diese Kinder sich sprachlich noch wenig artikulieren können, erwerben sie die Wörter durch Zuhören rezeptiv. Mit der Zeit können sie sich immer mehr auch produktiv ausdrücken.

Übungen zur Lautsprache: Mithilfe obiger Wörter bilden die Kinder zunächst Reime: *Zylinder-Zirkuskinder, Zöpfe-Knöpfe, Zauberumhang-Klaribang, Zauberblut-Zauberflut, Zauberhut-Zauberwut, Hase-Nase, Vase-Zirkushase, Hose-Rose, Pinsel-Insel, Haus-Maus, Tisch-Fisch usw.* Zur Visualisierung eignen sich hierzu Bildkärtchen.

In einem nächsten Schritt zerlegen die Kinder die gelernten Wörter in Silben: *Zau-be-rer, Zau-ber-stab, Zir-kus, zau-bern* und festigen ihre phonologische Bewusstheit im weiteren Sinn.

Parallel dazu erweitern sie ihre phonologische Bewusstheit im engeren Sinn, indem sie die Vor- und Endlaute obiger Wörter üben. *Johanna* nennt als erste ein Wort und fragt, mit welchem Laut das genannte Wort beginnt und endet. Beispiel: ***Z**ir-kus (/s/ oder /z/?); **Ka**-nin-chen (/g/, /c/ oder /k/?), **Au**f-tritt (/au/, /eu/ oder /ou/?).*

In einer ergänzenden Übung sollen die Kinder die Anfangslaute unterscheiden. *Johanna* hält die Kinder dazu an, aus der Garderobe oder dem Unterrichtsraum einen Gegenstand (z.B. einen Schal und eine Schere) zu holen und diesen in die Kreismitte zu stellen. Aufgrund des Anfangslautes sortieren die Kinder zuerst ihre geholten Gegenstände. Dann üben sie den Anfangslaut derselben, indem sie diese beim Nennen betonen (Sch*al*, Sch*ere*) damit die zuhörenden Kinder sich den Anfangslaut merken (/sch/). So kann die Übung mit weiteren Gegenständen wie *Korb, Kiste, Karotte, Seil, Trapez* usw. fortgesetzt werden.

Johanna hat nun eine weitere Spielidee: Sie möchte mit den Kindern ein Fliegenklatsche-Wortschatzspiel spielen. Bei diesem Spiel können die Kinder aufmerksam zuhören, erkennen, welches lautierte Wort jeweils gemeint ist und schnell reagieren. Dabei können sie ihren rezeptiven und produktiven Wortschatz, ihre Aufmerksamkeitsfähigkeit sowie ihre motorische Fertigkeit üben. Zum Spielverlauf: *Johanna* legt etwa fünf Reifen mit je fünf bis acht Bildkärtchen darin in die Stuhlkreismitte. Die Kinder sitzen um die Reifen auf dem Boden und halten je eine Fliegenklatsche in der Hand. *Johanna* nennt ein Wort, das auf einer der Karten in den Reifen abgebildet ist und lautiert es (z.B. T-i-sch). Während das Wort lautiert wird, sollen die Kinder möglichst schnell herausfinden, welche Bildkarte gemeint ist, die richtige Karte mit der Fliegenklatsche blitzschnell berühren und sagen, wie das Wort heisst. Hat das schnellste Kind die richtige Karte und das richtige Wort dazu benannt, darf es die Bildkarte aus dem Reifen nehmen. Wer am meisten Karten gesammelt hat, hat gewonnen.

Wörter lautieren und mit der Fliegenklatsche sammeln

Zirkus Zottelbär ist unterwegs!

Johanna kündigt an, dass der *Zirkus Zottelbär* unterwegs ist und möchte ihn mit einem schönen Gedicht (siehe unten) empfangen, falls sein Weg in den Kindergarten führen sollte: «Liebe Kinder, der *Zirkus Zottelbär* veranstaltet in verschiedenen Dörfern und Städten unserer Gegend Zirkusvorführungen. Er hält aber sein Programm geheim und verrät nicht, wo er seine nächste Vorführung haben wird, weil er die Kinder überraschen möchte. Ich weiss nicht, ob er Zeit finden wird, auch zu uns in den Kindergarten zu kommen. Wir müssen aber vorbereitet sein und für ihn ein Gedicht als Überraschung bereit haben. Falls er dieses Mal doch nicht kommen kann, weil er zuerst andere Kindergärten besuchen muss, schicken wir ihm das Gedicht auf einer CD per Post zu und bitten ihn, uns das nächste Mal zu besuchen».

Zirkus Zottelbär

Die Kinder freuen sich und stimmen *Johannas* Vorschlag zu. *Johanna* spricht das Gedicht zuerst strophenweise vor, die Kinder wiederholen jeweils, bis sie es eigenständig verwenden können. Dem Gedicht entsprechend bewegen die Kinder ihre Körperteile und üben damit das Sprechen und die Koordination mit Bewegungen.

Zirkus Zottelbär

Zirkus Zottelbär ist in der Stadt,
seht, was er für Akrobaten hat.
Hereinspaziert, hereinspaziert,
Zirkus Zottelbär präsentiert:
Das ist der Akrobat Pius,
zur Begrüssung wirft er einen Handkuss.
Dann stemmt er die Hantel hoch zum Nasenloch,
aber bitte applaudieren Sie doch!
Auch der kommende Trick ist kaum zu glauben,
wer kann schon Wattebällchen saugen?
So geht die Vorstellung zu Ende,
bitte klatschen Sie noch einmal in Ihre Hände!
(Hotz 2007, 193; gekürzt und leicht angepasst)

Ein Zirkus-Memory rundet diese angeleitete Sequenz ab. *Johanna* stellt Memory-Kärtchen bereit und lässt die Kinder zu zweit oder in kleinen Gruppen den Wortschatz erweitern. Bei diesem Spiel suchen die Kinder Bildpaare. Am besten legen sie Reihen, weil es so einfacher ist, sich die Kärtchen zu merken. Wer sich die Lage der Kärtchen gut merken kann, wird mit Bildpaaren belohnt.

Memory-Spiel

Hinweis: Das Anspruchsniveau beim Memory-Spiel kann variiert werden, indem die Anzahl Kärtchen-Paare verändert wird. Es können demzufolge verschiedene Anforderungsstufen durch verschiedene Anzahl Paare durchgeführt werden.

Weitere Spielmöglichkeiten zur Vertiefung: Die Kinder nennen die Farben ihrer Bildpaare und stellen damit eine Verbindung zu den Beispielen im Kapitel 7 her. Man kann zudem die Farben durch die Kinder ordnen lassen: Unter einem Tuch liegen Bilderkärtchen. Nicht alle Kärtchen haben auf der Rückseite dieselbe Farbe (vier sind beispielsweise grün, vier braun usw.). Jedes Kind darf ein Kärtchen nehmen und sie der entsprechenden Farbe zuordnen.

Auch das Spiel Schnipp-Schnapp eignet sich als Wortschatz- und Merkübung. Auf dem Tisch liegt ein Stapel mit Wortschatzkarten. Ein Kind darf die Karten mischen und als erstes mit dem Spiel beginnen. Es deckt die oberste Karte auf und legt sie neben den Stapel. Dasselbe tut anschliessend der nächste Spieler oder die nächste Spielerin. Dasjenige Kind, das gut aufpasst und merkt, dass eine aufgedeckte Karte mit einer anderen, bereits aufgelegten Karte übereinstimmt (z.B. zwei gleiche Zirkustiger), ruft schnell «Schnipp-Schnapp» und gewinnt diese Karten. Ruft aber ein Kind «Schnipp-Schnapp», ohne übereinstimmende Karten zu haben, muss es seinen aufgedeckten Kartenstapel in die Mitte legen. Die anderen Kinder können nun bei identischen Bildern auch den Stapel in der Mitte gewinnen. Wer keine Karten mehr hat, scheidet aus.

Kartenvorbereitung für ein Schnipp-Schnapp-Spiel

Hinweis: In grossen Gruppen mit mehr als 12 Kindern kann es zu lange dauern, bis jedes Kind an die Reihe kommt. Dabei könnten die Kinder unruhig werden. Deshalb empfiehlt es sich, kleine Gruppen zu bilden. Die Kinder brauchen zudem eine Spielanleitung.

8.3 Fingervers und Tanz

Sozialform:	Plenum
Kompetenzstufe:	II, III
Kompetenzen:	Die Kinder können Fingerverse aussprechen, ihre Wortschatz- und Lautsprachkompetenz ausbauen.
Material:	Vers, laminierte A4-Bildkarten (Vorlagen siehe Anhang), CD mit Mundartliedern «Nume mit Gliichgwicht» oder «Raubtier dressiere» von Andrew Bond, Bilder, Wortschatzkarten

Möglicher Ablauf: Zu Beginn hören die Kinder der Leitfigur *Johanna* zu, während diese ihnen modellhaft zeigt, wie sie den gesprochenen Vers (siehe weiter unten) mit den entsprechenden Bildern der nachstehenden Abbildung 4 verknüpfen sollen.

Abb. 4: Fingervers mit Karten

Nachdem die Kinder das Prinzip verstanden haben, sprechen alle gemeinsam den nachstehenden Vers, indem Sie ihn aufsagen und gleichzeitig ihre Hände bewegen sowie die Körpersprache einsetzen (die Karten auf der Abbildung 4 finden sich in A4-Format im Anhang):

Im Zirkus

Im Zirkus sieht man viele Sachen, die uns allen Freude machen.
Der Daumen, der ist der Jongleur, wirft viele Bälle hin und her.
Der Zeigefinger ist ein frecher Clown, er ist ganz plötzlich abgehau'n.
Der Mittelfinger tanzt, weil's ihm gefällt, auf einem Seil durchs Zirkuszelt.
Der Ringfinger, der ist der Dompteur, er läuft im Raubtierkäfig hin und her.
Und der kleine Fingermann sagt alle Zirkusnummern an.
(aus: Orthhaus, 1996)

Gemeinsam Verse üben

Diese erste Übungssequenz soll den Kindern durch Vormachen und Nachahmen den Vers vermitteln. Danach folgen weitere Übungen mit einzelnen Kindern oder kleinen Gruppen. Sobald die Kinder den Text kennen, brauchen sie nicht mehr *Johannas* Anleitung und können selbstständig den Vers anhand der Bildkarten vorsprechen.

Gemeinsam Verse üben

Hinweis: Alle Kinder sitzen so, dass sie die Bilder von vorne sehen können. Zudem empfiehlt es sich, die Gruppen jeweils so aufzustellen, dass sprachgewandte Kinder mit weniger Sprachgewandten arbeiten. Während beispielsweise das sprachkompetentere Kind den Vers vorträgt, begleitet das andere Kind denselben durch Nachsprechen und den Einsatz von Mimik und Gestik.

Wörter verschiedener Arten, die in weiteren Wortschatzsequenzen geübt werden können: *Johanna* möchte mit den Kindern spielerisch den Wortschatz üben. Hierzu hat sie im Vorfeld eine Liste mit ausgewählten Nomen und Adjektiven zusammengetragen. Es folgt ein Wortlistenbeispiel:

Nomen	Clown, Dompteur, Zeigefinger, Mittelfinger, Ringfinger, Kleinfinger, Zirkuszelt, Fahne, Zirkuslicht, Kamel, Kleiderschrank, Kleiderbügel, Kleiderkiste, Kostüm, Kleiderfarbe, Zirkuskugel, Zirkusvorhang
Adjektive	gestreift, gepunktet, kariert, rund, oval, eckig, lang, kurz, hoch, tief

Die Kinder sollen nun mit diesen Wörtern Sätze oder eine kurze Geschichte bilden und diese vor der Gruppe erzählen. *Johanna* liest die Adjektive aus ihrer Liste am Schluss nochmals vor und erteilt den Kindern die Aufgabe, die gehörten Adjektive mit entsprechenden Gegenständen im Raum zu verbinden (z.B. rund: die runde Zirkuskugel, der runde Jonglierball).

Wörtertanz im Zirkus Zottelbär

Johanna teilt den Kindern mit, dass sie mit ihnen lustvoll tanzen und sprechen möchte. Alle Kinder stehen im Kreis. *Johanna* legt eine Anzahl Bilder aus dem aktuellen Themenfeld (z.B. Zirkustiere) auf den Boden. Ein Kind darf nun in der Kreismitte stehen und ein 'Bewegungsverb', das zu den Bildern passt, nennen (z.B. hoppeln, hüpfen, springen, kriechen, laufen, gehen). Alle Kinder wiederholen das benannte Wort und tanzen passend dazu. Dieses Tanzspiel geht so weiter, bis alle 'Bewegungswörter' genannt wurden.

Kinder spielen Wörtertanz im Zirkus Zottelbär

In der nächsten Sequenz üben *Johanna* und die Kinder einen *Daumenvers*. Während alle gemeinsam den Vers aufsagen, sollen sie darauf achten, dass z.B. der rechte Daumen in der Faust bleibt, wenn der linke sich streckt. Mit diesem Vers sollen die Kinder üben, Sprechaktivitäten mit Händebewegungen zu koordinieren.

Ping und Pong

L R
Ping und Pong
L R
für und von
L R
auf und ab
L R
trip und trap
L R
schwarz und weiss
L R
laut und leis'
L R
Zeit und Raum (hier bleiben beide Daumen stehen)
L R
Tag und Traum
L R
ich und du
L R
brauchen Ruh' (beim Wort *Ruh'* bleiben beide Daumen in den Fäusten).
(Vahle, 2013, 85f.).

Hinweis: Die Kinder mit geringem Wortschatz brauchen auch bei dieser Übung zunächst Unterstützung. Der Lerneffekt darf jedoch keinesfalls unterschätzt werden, denn die Kinder lernen vor allem in der Anfangsphase des Spracherwerbs viel durch Zuhören und Nachahmen.

Am Schluss singen alle gemeinsam ein Abschiedslied, das implizit oder explizit Bezug zum Thema *Zirkus* nimmt und runden damit diese Wortschatzsequenz ab.

Bei folgendem Liedvorschlag können die Kinder gleichzeitig singen und ihre Hände bewegen. Beispielsweise zeigen sie mit der Hand auf ein anderes Kind und stampfen mit den Füssen auf den Boden, wenn sie beim Singen das Wort *Menschen* erwähnen. Bei *Tieren* halten sie ihren Kopf mit beiden Händen und schauen einem andern Kind in die Augen usw.

Abschiedslied

Wir gehen nun auseinander,
wir spielen allerlei,
von Menschen und von Zirkustieren,
und du warst mit dabei.

Wir gehen nun auseinander,
wir hatten heute viel Spass,
mit gelernten Wörtern und mit Tanzen,
auf Wiedersehen, das war's.
(Hirler, 1998, 27; leicht angepasst)

Johanna möchte nun mit den Kindern *Zirkuswörter* mit anderen Wörtern reimen und beginnt zunächst einmal mit folgenden Nomen: *Zirkuszelt-Zirkuswelt, Fahne-Sahne, Dompteur-Monteur, Daume-Pflaume, Finger-Springer.* Daraufhin zählen die Kinder die Anzahl Silben der Wörter. Zudem bespricht *Johanna* mit den Kindern die Unterschiede zwischen ein- und mehrsilbigen Wörtern und ermöglicht ihnen dadurch, ihre Lautsprachkompetenz im weiteren Sinn aufzubauen.

Die Kinder sollen nun die Lautelemente (z.B. *–eur* bei *Domp-teur*) üben und auch weitere Reime in Einzellaute zerlegen (segmentieren) und so ihre phonologische Bewusstheit im engeren Sinn erweitern. *Johanna* beginnt mit einem Beispiel: «Hörst Du bei *Dom* für *Dompteur* ein */o/* oder ein */a/*?»

In einem nächsten Schritt sollen diejenigen Kinder, die über gute Sprachkompetenzen verfügen, herausfinden, ob sich die Laute in einem Wort an der richtigen Stelle befinden. *Johanna* nennt zuerst ein Wort normgerecht (z.B. *Kamel*) und dann normabweichend (*Kalem*), während die Kinder gut zuhören. Liegt der Fehler beim Anfangslaut eines Wortes, sprechen die Kinder den ersten Laut mit erhöhter Stimme. Liegt der Fehler im Zwischenlaut, sprechen sie in gewohnter Stimmhöhe. Bei einem Fehler im Endlaut nennen die Kinder den normabweichenden Laut leise.

Hinweis: Es empfiehlt sich, bei Lautsprachübungen auch die offenen, geschlossenen und gedehnten Laute zu üben.

8.4 Mit Bildern Geschichten erfinden

Sozialform:	Partnerarbeit, Gruppenarbeit
Kompetenzstufe:	II, III
Kompetenzen:	Die Kinder können anhand von Bildern eine Gesichte zusammenhängend konstruieren, über die Sprache reflektieren und ihre metasprachlichen Kompetenzen aufbauen, den Wortschatz erweitern, die lautsprachliche Kompetenz verfeinern, ihre musikalische Kompetenz aufbauen, ihre motorischen Fähigkeiten weiterentwickeln.
Material:	3 bis 7 Bilder aus dem Bilderbuch «Vom Hut, der nicht zaubern wollte» von Susan Niessen und Antje Drescher oder einem anderen Bilderbuch, Handpuppe *Johanna*

Möglicher Ablauf: Die Protagonistin *Johanna* möchte nun einen Schritt weiter gehen und die Erzählkompetenz der Kinder fördern. Hierzu hat sie vorgängig Bilder aus einem Bilderbuch laminiert und auf die Tische gelegt (die hier verwendeten Bilder stammen aus dem Bilderbuch «Vom Hut, der nicht zaubern wollte» von Niessen und Drescher, 2016 und finden sich als Kopiervorlagen im Anhang).

In kleinen Gruppen legen nun die Kinder die Bilder zuerst auf dem Tisch ungeordnet aus. Dann ordnen sie diese in der richtigen Reihenfolge. Stimmt die Reihenfolge (Kontrolle durch *Johanna*), erzählen sich die Kinder die Geschichte. Dies tun sie jeweils abwechselnd und anhand der zur Verfügung stehenden Bilder.

Geschichten erzählen und die Bilder dazu ordnen

Didaktischer Hinweis: Die Lehrperson kann beurteilen, wie viele Bilder sie den Kindern zum Ordnen geben möchte. Gibt sie den Kindern beispielsweise nur drei davon, erteilt sie dazu die Aufgabe, den Schluss der Geschichte selber zu erzählen und dies in Form eines kleinen Theaters der Gruppe vorzuspielen.

Weiterführende Wortschatzübungen: Als Einstieg werden zunächst die Wörter *Pony, Zirkusmanege, Tiger, Elefant, Zuschauer, Zirkusdirektor, Müllmann, Zylinder, Briefträger, Publikum, Zauberkasten, Vorführung, Übung, Menge, Käfig, Zirkusschlange* eingeführt. Ergänzend dazu benennen die Kinder die Berufe der Zirkusmitarbeitenden und üben dabei auch Verben. Beispiel: «Der Zirkusdirektor *begrüsst* die Kinder im Zirkus»; sowie Adjektive: «Das Pony ist *klein*, der Elefant ist *gross*». Mit den Adjektiven bilden die Kinder zudem Gegensätze: «Das Pferd ist *weiss*, der Tiger ist *schwarz*»; «Der Artist ist *leicht*, der Löwe ist *schwer*». Am Schluss kombinieren die Kinder die Wortarten und bilden Sätze, in denen auch Präpositionen vorkommen: «Der Artist balanciert seine Balancierstange *auf* dem Seil» usw.

Weitere Wörter zur Erweiterung des Wortschatzes: *Raubtier, Löwe, Tiger, Dompteur, Kostüm, Gleichgewicht, Trapez, Trampolin, Balancierseil, Hochseil, Akrobat, Gleichgewicht, Dressur, Zirkusschuh* usw.

Johanna möchte nun anhand einer Wortbildungsübung sehen, wie gut die Kinder mithilfe eines Lautes neue Wörter rund um das Thema *Zirkus* bilden können. Sie macht vor und nennt einen Laut, während ein Kind mit diesem Laut ein themabezogenes Wort bildet. Beispiel: /**B**/ wie **B**alancierer, /**Sch**/ wie **Sch**wert. Danach üben die Kinder zu zweit: /**S**/ wie **S**eil usw.

Übungen zur Lautsprache: Auch bei dieser Sequenz reimen die Kinder zunächst die eingeführten Wörter: *Pony-Tony, Dompteur-Jongleur, Zaubermann-Müllmann, Publikum-Auditorium*. Daraufhin zerlegen sie dieselben Wörter in Silben und klatschen dazu, während sie die Wörter laut aussprechen.

Kinder klatschen Reime

Johanna hat ein ehrgeiziges Ziel und möchte mit den Kindern Übungen in verschiedenen Schwierigkeitsniveaus durchführen. Zuerst möchte sie mit einer leichten Übung beginnen und einige Wörter in Silben zerlegen, z.B.: *Raub-tier, Gleich-ge-wicht*. Jetzt möchte sie eine mittelschwere Übung durchführen und mit den Kindern Reimwörter bilden: *Balance-Chance, Gesicht-Gleichgewicht, Schwert-Wert, gross-bloss*. Und jetzt kommt eine schwierige Übung: Die Kinder sollen herausfinden, wie die bis jetzt gelernten Wörter klingen, wenn man sie ausspricht. Wird die erste Silbe eines Wortes betont, stehen die Kinder vor ihrem Stuhl und klatschen kräftig in ihre Hände. Dazu ein Beispiel: */E/* bei *E-le-fant*; */T/* bei *Ti-ger*, */R/* bei *Raub-tier*, */P/* bei *Pferd*, */K/* bei *Kos-tüm*. *Johanna* fragt die Kinder zudem, ob sie die Endlaute erkennen. Beispiel: *Pferd* (/t/ oder /d/), Dompteur (/ör/, /or/ oder /er/).

Vertiefung: *Johanna* möchte nun mit den Kindern eine anspruchsvolle Übung durchführen und lässt den ersten Laut eines bereits geübten Wortes weg: *_enge* (*Menge*), *_ublikum* (*Publikum*), *_irkuszelt* (*Zirkuszelt*), *_orführung* (*Vorführung*), *_bung* (*Übung*). Dann thematisiert sie mit den Kindern, wie sich diese Wörter anhören, wenn man ihren Anlaut wegnimmt. Bei dieser Vertiefungsübung können die Kinder ihre auditiven Kompetenzen optimieren und merken, dass die einzelnen Laute eine wichtige Rolle bei der Bedeutung eines Wortes spielen. Das heisst, wenn man Wörtern den Anfangslaut wegnimmt, dann verlieren die meisten von ihnen ihre Bedeutung und ergeben keinen Sinn mehr.

8.5 Weitere Spiele zum Ausbau des Wortschatzes und der Lautsprache

Sozialform:	Partnerarbeit, Gruppenarbeit (max. 4 Kinder)
Kompetenzstufe:	I, II, III
Kompetenzen:	Die Kinder können – ihre Wortschatz- und Lautsprachkompetenz erweitern, – bestimmte Figuren im Wimmelbuch erkennen und beschreiben, wo sie sich befinden, – entsprechende Symbole auf einem Kärtchen finden und die Abbildung pantomimisch darstellen, – anhand der vier vorgegebenen Figuren/Gegenständen eine eigene Kurzgeschichte erfinden.
Material:	Memory-Paare (5 Tiere und 5 Personen) *(Aktivität 8.5.1)* – Wimmelbuch, z.B. «Viele bunte Sachen suchen mit Jakob und Conni. Wimmel-Zirkus-Spass» von Julia Hoffmann und Peter Friedl (Aktivität 8.5.2) – 2 Mal das gleiche Wimmelbild, Ordner als Trennwand, Legematerial (Aktivität 8.5.3) – Leiterspiel-Unterlage, Spielfiguren, Würfel, Spielkärtchen (Aktivität 8.5.4) – 4 Figuren/Gegenstände *(Aktivität 8.5.5)*

8.5.1 Paare bilden

Möglicher Ablauf: *Johanna* greift zum Einstieg einzelne Aspekte bisher behandelter Inhalte heraus und will sie mit den Kindern in einem Memory-Spiel vertiefen, damit sie ihr Wissen und ihren Fachwortschatz rund um das Thema *Zirkus* vertiefen sowie ihre Merkfähigkeit steigern. Dies sollen die Kinder zu zweit oder in kleinen Gruppen mit den zur Verfügung stehenden Memory-Kärtchen tun.

Die Kinder verteilen sich an den Tischen, mischen die Karten und spielen nach den üblichen Regeln ein Memory-Spiel. Jetzt geht es mit dem Spiel im Uhrzeigersinn los. Abwechslungsweise nehmen die Kinder zwei Karten und dürfen diese, falls sie identisch sind, zu sich nehmen. Haben sie ein Kärtchen-Paar gefunden, so dürfen sie gleich nochmals versuchen, ein weiteres Paar zu finden. Haben sie keines gefunden, ist das nächste Kind an der Reihe.

Memory-Spiel als gute Möglichkeit des Wortschatzlernens

Variante: Die Kinder nennen jeweils den Namen des Tieres oder der Person auf dem aufgedeckten Kärtchen und beschreiben, welche Funktion dieses Tier oder diese Person im Zirkus hat. Sie ordnen die zusammenpassenden Bilder, wählen anschliessend eines davon aus und sagen einen passenden Satz dazu. *Johanna* fungiert dabei als Unterstützerin und ermuntert die Kinder, kreativ zu sein und anhand des jeweils ausgewählten Bildes oder auch ohne Bild eine Geschichte, die mit dem Thema *Zirkus* zusammenhängt, zu erfinden.

Weiterführende Wortschatzübungen: Zur Erweiterung des Wortschatzrepertoires dienen weitere Nomen: *Seiltänzer, Dirigent, Direktor, Artist, Journalist, Löwe, Möwe, Sattel, Peitsche, Jongleur, Balancierer, Podest, Zirkusdirektor, Zirkussprecher, Zirkusfotograf, Zirkuskarte, Zirkusfest, Seiltänzerin, Zauberrad, Elefant, Pferd, Paar, Kunststück, Zoo.* Die Kinder eignen sich diese Wörter in handlungsorientierten Sprech- und Spielaktivitäten an. Fragend und/oder erzählend bilden sie mithilfe dieser Wörter zusammenhängende Sätze und Texte. Dies kann zwar für manche Kinder des Kindergartens anspruchsvoll sein. Dennoch sollen vor allem sprachstarke Kinder ermuntert werden, aus diesen Nomen weitere Wortarten wie Verben, Adverben, Adjektive, aber auch Präpositionen zu bilden und dadurch das individuelle Vokabular zu erweitern. Aktivitäten dieser Art können Kindern zudem helfen, die Erzählkompetenz auszubauen und implizit auch ihre pragmatisch-diskursive Kompetenz aufzubauen.

Übungen zur Lautsprache: Analog zu den vorhergehenden Sequenzen zur phonologischen Bewusstheit zerlegen die Kinder zunächst einmal die gelernten Wörter in Silben: *Domp-teur, Di-ri-gent, Zau-ber-rad, Seil-tän-ze-rin, E-le-fant, Lö-we, Bär, Kos-tüm* usw. Danach besprechen sie die in Silben zerlegten Wörter und erkennen, dass einige davon ein-, zwei- und mehrsilbig sind. Reime sind ebenfalls Teil der Übung: *Löwe-Möwe, Direktor-Spektator, Artist-Journalist, Fest-Podest.*

Johanna zeigt zuerst vor und hält anschliessend die Kinder dazu an, auf diese Weise die obigen Wörter zu üben. Beispiel: *Domp-teur*; «Was hörst Du am Anfang des Wortes?» Fragen dieser Art zielen darauf hin, dass die Kinder unterscheiden sollen, ob das Wort mit dem Laut */d/* oder */t/* beginnt. Falls der Name eines Kindes gerade mit diesem Laut beginnt, wird dieser genannt, z.B. */D/* (*Dario*). Analog dazu prägen sich die Kinder die Endlaute der zu übenden Wörter ein.

In einem nächsten Schritt dehnen sie ausgewählte Wörter: *Diiriigent, Zauuberraad.* Zudem bilden die Kinder Wortpaare und üben dabei Nomen und Richtungen (Raumvorstellung): link**s** – **S**eiltänzeri**n**, vorn**e** – **E**lefant, recht**s** – **S**eil.

Didaktischer Hinweis: Memory-Spiele sind eine gute Form, die Kinder auf die bevorstehende Einführung in die Schriftlichkeit vorzubereiten, ohne dabei Lesen und Schreiben explizit zu üben. Beispielsweise kann die Lehrperson zu den Memory-Karten Buchstaben vorbereiten. Sie legt und liest diese zuerst vor und fragt anschliessend die Kinder, zu welchem Bild auf der Memory-Karte dieser Buchstabe passt. Danach legt sie den Buchstaben neben das entsprechende Bild. Diese Visualisierung stellt gewissermassen eine erste Heranführung der Kinder an die Verbindung von Lauten mit Buchstaben dar (sog. Laut-Buchstabe-Korrespondenz) und stellt zugleich eine nachvollziehbare Verknüpfung der Symbole mit Buchstaben dar.

Die Funktion bislang genannter Namen wird in verschiedenen wiederkehrenden Übungen thematisieret, d.h. wer, was macht oder in welcher Reihenfolge diese auftreten und weshalb. Oder: Welche Tiere hat man zuhause (*Hunde, Pferde, Katzen*), welche im Zoo (*Elefant, Löwe, Bär, Tiger, Wolf, Pinguin*), welche Tiere sind gefährlich und welche nicht? usw. Dadurch erweitern die Kinder nicht nur ihren Fachwortschatz, sondern auch ihr Sachwissen.

8.5.2 Wo sind meine Dinge?

Möglicher Ablauf: In Partnerarbeit suchen die Kinder auf jedem Bild des Wimmelbuchs die versteckten Figuren, die Personen, Tiere oder Gegenstände sein können. Gegenseitig beschreiben sie, wo sich die Figuren genau befinden und was sonst noch in der Nähe zu sehen ist. Unterstützend für die Erzählkompetenz der Kinder ist hierzu das Spiel «Ich sehe etwas, was du nicht siehst». Es empfiehlt sich, dieses oder ähnliche Sprachspiele gezielt durchzuführen.

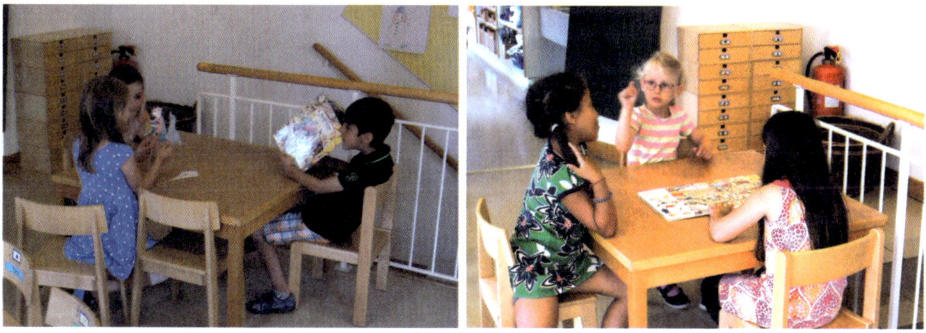

Kinder besprechen ein Wimmelbuch – mit und ohne Figuren

Wörter zur Festigung des Wortschatzes: Die Wörter *Rummelplatz, Kiosk, Riesenrad, Eis/Glacé, Kasse, Zuckerwatte, Conni, Pony, Luftballon, Möwe, Versteck, Jakob* bilden die Grundlage, um den Wortschatz anhand dieser Aktivität zu erweitern. Nebst Nomen üben die Kinder hierbei auch Präpositionen wie etwa *hinter, vor, unter, über, neben* und bilden mit einigen davon Sätze oder eine kurze Geschichte.

Übungen zur Lautsprache: Hierfür eignen sich Silben wie *Rum-mel-platz, Rie-sen-rad, Hoch-rad, Eis*. Auch Reime zu den verschiedenen Wortarten empfehlen sich hierzu: *hinter-Winter, unter-munter, neben-Reben, Conny-Pony, balancieren-dividieren* usw.

Hinweis: Es ist üblich, dass entlehnte Wörter in den Wortschatz einer Sprache integriert werden. Die deutsche Sprache ist von solchen Entlehnungen auch betroffen und hat vor allem in den letzten Jahren viele davon zu eigen gemacht. Auf der Kindergarten-, Grund- und Basisstufe geht es primär darum, den Grundwortschatz des Deutschen in den Blick zu nehmen und weniger darum, entlehnte Wörter explizit zu thematisieren. Die Kinder sollen dennoch möglichst früh viele verschiedene Wörter (‘einheimische‘ und Entlehnungen) des deutschen Vokabulars in verschieden Sprachspielen implizit hören, damit sie diese schrittweise erwerben und ihr Wortrepertoire erweitern.

Hinsichtlich der Lautsprache im engeren Sinn können die Kinder verschiedene Wörter aufgreifen und Anlaufe üben, wie z.B. */**R**/* wie ***R**um-mel-platz*, */**G**/* wie ***G**lacé*, */**K**/* wie ***K**asse* usw. Einige Kinder können im Kindergartenalter die Unterschiede zwischen gewissen Lauten noch nicht unterscheiden. Ein Klassiker hierzu ist beispielsweise der Laut */S/*. Manche Kinder können im ersten Kindergartenjahr zudem zwischen */R/* und */L/*, */K/* und */G/*, */B/* und */P/*, */D/* und */T/* noch nicht unterscheiden.

Es liegt auf der Hand, dass die individuellen Unterschiede beim Lauterwerb, der in diesem Alter noch in vollem Gange ist, zunächst durch die Lehrperson erkannt und mit entsprechenden Übungen dieser Art gefördert werden.

8.5.3 Schau nicht über die Mauer

Möglicher Ablauf: Bei dieser Partneraktivität erhalten beide Kinder dasselbe Wimmelbild (Kopiervorlagen siehe Anhang). Auf einem Tisch steht ein Ordner als Trennwand. Ein Kind beschreibt einen Teil des Wimmelbildes (Beispiel: Es befindet sich vor dem Eisstand in der Mitte des Bildes, ist klein, hat vier Beine und wartet geduldig). Das andere Kind hört gut zu und soll herausfinden, was es ist (z.B. ein Pudel). Damit die Beschreibung korrekt verläuft, fungiert ein drittes Kind als Prüfinstanz. Anschliessend tauschen sie die Rollen und üben weiter.

Wimmelbilder als gutes Instrument für Sprechanlässe

Wortschatz: An den vorhandenen Wortschatz anknüpfend, lernen die Kinder weitere Wörter dazu: *Bühne, Rampenlicht, Flugzeug, Zuschauer, Ehrengäste, Künstler, Doppeldecker, Ballon, Scheinwerfer, Reifen, Einrad, Zweirad, Dreirad, Hochrad, Popcorn, Instrument.*

Der Wortschatzübung folg nun eine lautsprachliche Übung im weiteren Sinn: Zuerst üben die Kinder einige Reime: *Zuschauer-Bauer, Reifen-Seifen, Seifen-Schleifen.* Beim Reimen achten sie insbesondere auf die Doppelkonsonanten obiger Wörter: Do**pp**eldecker, Ba**ll**one und betonen dieselben bewusst, indem sie diese mit kräftiger Stimme aussprechen und gleichzeitig in die Hände klatschen. Die Doppelkonsonanten möglichst früh zu erkennen, ist für die Aussprache und später auch für das Schreiben wichtig.

Im Mittelpunkt der lautsprachlichen Übung im engeren Sinn stehen hier die Vor-, Zwischen- und Endlaute. Hierfür benutzen die Kinder die Wörter der oben beschriebenen sowie vorhergehenden Aktivitäten.

8.5.4 Mit dem Leiterspiel Wörter lernen

Johanna möchte mit den Kindern ein 'Leiterspiel' spielen und dabei eine Menge Spass haben. Sie hat Spielunterlagen, Spielfiguren, Würfel und Spielkärtchen mit

Bildern bzw. Symbolen aus dem Thema *Zirkus* bereitgestellt und erklärt zuerst das Spielprinzip und die Spielregeln (die Spielunterlage und die Kärtchen finden sich als Kopiervorlage im Anhang).

Die Kinder würfeln der Reihe nach und im Uhrzeigersinn. Die angezeigte Würfelzahl wird auf dem Feld abgezählt, und die Spielfigur wird auf das entsprechende Feld gesetzt. Wenn die Spielfigur auf ein Bild (Symbol) trifft, so wird die Figur verschoben und das dazugehörende Kärtchen gesucht. Auf der Rückseite des Kärtchens ist ein Mensch oder ein Tier aus dem Zirkus abgebildet. Befindet sich beispielsweise ein Jongleur auf dem Kärtchen, so stellt das Kind diesen den anderen Kindern pantomimisch dar. Die zuschauenden Kinder versuchen herauszufinden, was ihnen präsentiert wurde. Das Leiterspiel wird dann weitergespielt.

Kinder beim Leiterspiel

Wortschatz: Dieses Spiel ermöglicht eine Wortschatzerweiterung bzw. Wortschatzkonsolidierung um diese Wortarten: *Artist, Jongleur, Clownschuhe, Sprungbrett, Keule, Leiter, Zylinder, Peitsche, Hochrad, Trapez, jonglieren, springen, Seiltänzer, Zahlenfeld, Würfel, Leiterspiel, Sprungbrett, Tiger, Leiter, Rutschbahn, Schaukel, Jonglierball, Keule.*

Hinweis: Hierbei ist es wichtig, dass die Kinder vorgängig die Wörter auf den Bildkarten kennen lernen und beim Spiel wissen, wie diese heissen und was sie bedeuten. Nur so können sie diese pantomimisch darstellen.

Diejenigen Kinder, die über einen fortgeschrittenen Wortschatz verfügen und die gelernten Wörter aus dem Lernfeld *Zirkus* beherrschen bzw. selbstständig verwenden können, erhalten eine anspruchsvollere Aufgabe. Sie sollen Wortketten bilden, indem sie das neue Wort jeweils mit dem letzten Laut des vorhergehenden Wortes beginnen. Beispiel: Rutschbah**n** – **N**ashor**n** – **N**as**e** – **E**se**l** – **L**eiter.

Mit den gebildeten Wortketten sollen die Kinder eine kurze Fantasiegeschichte erzählen. Aufträge dieser Art können zwar selbst für bildungssprachbewusste

Kinder der Eingangsstufe anspruchsvoll sein. Sie stellten jedoch eine nützliche Gelegenheit dar, um sprachbegabte Kinder zu unterstützen, ihre Erzählkompetenz auszubauen.

Übung zur Lautsprache: Die Kinder zerlegen die obigen Wörter in Silben und achten dabei auf die langen und kurzen Vokale. Beispiel: *Lei-ter-spiel, Ti-ger* (kurz), *Flie-ger, Spiel-brett* (lang).

Analog zu den obigen Beispielen üben die Kinder auch hier anhand bisher gelernter Wörter die Anfangs-, Zwischen- und Endlaute.

Hinweis: Die deutsche Sprache verfügt über lange, offene sowie kurze, geschlossene Vokale, die für manche Kindergartenkinder nicht klar erkennbar sind und deshalb sorgfältig geübt werden sollten.
In diesem Zusammenhang können auch die Umlaute **ö** und **ü** (z.B. *Stöcke, Stücke*) für einzelne fremdsprachige Kinder eine Herausforderung darstellten. Beispielsweise kennen slawische Sprachen solche Laute nicht (mehr dazu siehe Theorieteil in diesem Buch).

8.5.5 Mit Figuren Geschichten erfinden

In Partnerarbeit oder in kleinen Gruppen überlegen sich die Kinder eine zusammenhängende Kurzgeschichte zu den Figuren *Zirkuszelt, Johanna, Robbe* (Seehund) und *Eis*, anhand derer sie ihre Geschichte erzählen (die vier Figuren finden sich als Kopiervorlage im Anhang).

Eine solche Geschichte könnte beispielsweise wie folg verlaufen: *Johanna* geht mit ihrem Zylinder in den Zirkus. Als sie dort ankommt, sieht sie ein grosses Zirkuszelt. Sie findet es sehr schön und will wissen, was im Inneren des Zirkuszelts ist. Sie geht hinein und sieht viele Zirkustiere. Die Artisten bereiten die Tiere für die Vorführung vor. Begeistert und aufgeregt schaut *Johanna* zu und freut sich auf die Vorführung, die aber erst am Abend stattfindet. In der Zwischenzeit bekommt sie einen Bärenhunger. Sie geht hinaus und sieht neben dem Zirkuszelt einen Verkaufsstand mit Leckerbissen. Erfreut geht sie dorthin und holt sich ein Eis. Danach geht sie wieder in das Zelt hinein und freut sich auf die bevorstehende Vorführung.

Hinweis: Solche Figuren erwiesen sich bei der Erprobung dieses Kapitels als besonders motivierend, um Geschichten zu erfinden und zu erzählen. Die Kinder können beim Erzählen phantasieren, assoziieren oder nonverbale und paraverbale Elemente verwenden. Ein Mädchen erzählt ihre Geschichte wie folgt: «Es war ein wunderschöner Tag. Johanna will in den Zirkus gehen und dort den Seehund sehen. Sie sagt:

Mami, Papi, ich will den Seehund im Zirkus sehen. Als Johanna beim Zirkuszelt ankommt, ist der Seehund nicht da. Dann sieht sie hinter dem Zelt einen Wagen. Dort wird Eis verkauft. Plötzlich sieht Johanna den Seehund, der sich hinter dem Eiswagen versteckt hat und ein Eis isst. Dann ist sie hinter den Wagen gegangen und hat gesagt: Hey, ich sehe dich, du frecher Seehund. Du hast einfach Eis gestohlen» (alle drei Kinder der Gruppe lachen).

Alternativ können die Kinder ihre Kurzgeschichte auch noch mit 2-3 anderen Figuren oder Gegenständen aus dem Kindergarten ergänzen und daraus eine erweiterte Geschichte entwickeln, die einer eigenen Zirkusaufführung zugrunde liegen könnte. Die eigene Zirkusaufführung können die Kinder ihren Eltern vorstellen: beispielsweise an einem Elternabend, als Semesterabschluss oder als Sommerfest.

Geschichten anhand von Figuren erzählen

Erweiterung des Wortschatzes: Bei dieser Sequenz bietet es sich an, den produktiven Fachwortschatz durch nachfolgende Wörter zu erweitern: *Zirkuszelt, Zeltstange, Seehund, Umhang, Fahne, Süssigkeit, Eis, Zauberer, Bärenhunger, Seidenvorhang, Mädchen, Kugel, Eingang, Ausgang, Kreis, Schweiss, Applaus, Seelöwe.*

Aufbau lautsprachlicher Kompetenz: Hier üben die Kinder zunächst die Reime: *Eis-Mais, Eingang-Ausgang, Zirkuszelt-Artistenwelt, Applaus-Klaus.* Diesen folgen Silbenübungen, die durch Händeklatschen begleitet werden.

Um auch die lautsprachliche Kompetenz im engeren Sinn aufzubauen, können die Kinder einzelne Laute hervorgehoben und vertiefen. Der Anfangslaut von *Bärenhunger* ist */B/*, derjenige von *Seehund* ist */S/* (wie Seide) usw. Damit verbunden lautieren (segmentieren) die Kinder die obigen Wörter.

Zusammenfassung und Ausblick

Die präsentierten Beispiele dieses Kapitels illustrieren, dass das Lernfeld *Zirkus* zahlreiche Möglichkeiten bietet, Sprache, Bewegung und Musik als Bündel zu betrachten und es als solches im Sinne der Bildungssprache auf der Eingangsstufe umzusetzen. Mit seinen Facetten ermöglicht *Zirkus* den Kindern, ihr Wissen und ihren Wortschatz auszuweiten. Mit diesem wertvollen Schatz können sie das Unterrichtsgeschehen in Worte fassen und wie die Sänger, ihre bildungssprachliche Kunst ausüben (Stämpfli, 2000, 95).

Auch wenn Sprache, Musik und Bewegung im Lehrplan 21 folgerichtig als eigenständige Bereiche dargestellt sind, bilden sie eine integrale Einheit, wenn es um die Gesamtentwicklung eines Kindes geht. Eine sprachlich-kognitive Förderung der Kinder auf der Eingangsstufe ist wichtig, greift jedoch zu kurz ohne die sprachliche, musikalische, und motorische Förderung. Beispielsweise sind Sprechen und Singen sehr eng miteinander verbunden. Stadler Elmer fasst diese Verbindung folgendermassen zusammen: «Ohne Atmungs-, Verlautbarungs- und Artikulationsorgane gäbe es weder Sprache noch Gesang» (Stadler Elmer, 2002, 158f.).

Daraus folgt, dass eine gelingende Bildungssprache aufeinander abgestimmte Inhalte aus verschiedenen Lernfeldern voraussetzt, die als Bündel auf spannende und lebendige Weise vermittelt werden.

SCHLUSSWORT

Seit einigen Jahren setzt sich in der Sprachwissenschaft und Sprachdidaktik zunehmend die Erkenntnis durch, dass ausreichende Kompetenzen in der Bildungssprache die Schullaufbahn jedes Kindes massgeblich mitbestimmen. Diese Erkenntnis legt nahe, dass die Kinder von Anfang an gezielt und systematisch in der Bildungssprache unterstützt werden sollen. Ein umfassendes bildungssprachliches Konzept sichert zum einen vertikal die Übergänge zwischen den einzelnen Schulstufen. Zum anderen sorgt es mithilfe von fächerübergreifenden und aufeinander abgestimmten Lerninhalten dafür, dass die Kinder ihren Voraussetzungen entsprechend in binnendifferenzierten Lernsettings auf der Kindergarten-, Grund- und Basisstufe optimal gefördert werden.

Eine breit angelegte Bildungssprache geht über das rein Sprachliche und Fachliche hinaus und erfordert einen sprachbewussten Unterricht, der interdisziplinär ist, die sprachlich-kulturelle Vielfalt der Kinder berücksichtigt und ihre bildungssprachlichen Fortschritte mittels geeigneter Diagnoseinstrumente und Fördermaterialien begleitet. In einem solchen bildungssprachbewussten Unterricht werden die lernfeldspezifischen Inhalte als Bündel behandelt. Die sprachlichen Grundansprüche sind eng an die Inhalte aller Lehrplanbereiche gebunden und werden in jedem Unterricht umgesetzt.

Dieses Buch möchte die Bedeutung aller im Theorieteil skizzierten inhaltlichen Ebenen als zentrales Kernelement der Bildungssprache hervorheben und die Lehrpersonen der Kindergarten-, Grund- und Basisstufe dazu ermuntern, diese bildungssprachlichen Inhaltsbereiche im eigenen Unterricht zu berücksichtigen und zueinander in Beziehung zu setzen.

Für den Wortschatz und die Lautsprache als zwei zentrale bildungssprachliche Bereiche der Eingangsstufe finden die Lehrpersonen in diesem Buch eine Fülle von praxiserprobten Anregungen. Diese sind untereinander kombinierbar und mit dem kompetenzorientierten Lehrplan 21 abgestimmt.

Die vorliegende Arbeit plädiert für eine variierende und systematische Förderung aller Kinder in diesen und weiteren bildungssprachlich relevanten

Bereichen. Eine solche Förderung der Bildungssprache setzt bereits im Kindergarten an und ist nach lernpsychologischen Prinzipien wie Sinnstiftung, Vernetzung, Ordnung und Veranschaulichung aufgebaut. Ein solches bildungssprachliches Konzept verlangt freilich einen langen Atem, der sich jedoch auf lange Sicht lohnt.

Der Forderung nach einer systematischen Behandlung der Bildungssprache auf der Kindergarten-, Grund- und Basisstufe trägt die vorliegende Praxishilfe in doppelter Hinsicht Rechnung: Sie liefert Hintergrundinformationen zu wichtigen Aspekten der Bildungssprache und trägt anhand erprobter Unterrichtsbeispiele zur konkreten Umsetzung einer fächerübergreifenden Förderung der Kinder im Wortschatz, in der Lautsprache und implizit auch in anderen Lehrplanbereichen bei.

Mit ihrer Anleitung zu einer differenzierten Wortschatz- und Lautsprachförderung auf verschiedenen Kompetenzebenen schliesst «Spielen, sprechen, entdecken» eine Angebotslücke und hofft, damit einen innovativen und anregenden Beitrag zur hochwertigen Bildungssprache auf der Eingangsstufe geleistet zu haben.

GLOSSAR

Im Folgenden werden einige zentrale Fachausdrücke aus dem vorliegenden Buch zusammengestellt und kurz erklärt, allerdings ohne Anspruch auf Vollständigkeit. Die Erläuterungen beziehen sich bewusst auf den Kontext, in dem die Ausdrücke stehen. Als Referenz wurde hierbei das «Lexikon der Sprachwissenschaft» von Hadumod Bussmann (2008) herangezogen (siehe Literaturverzeichnis).

Alltagssprache (auch: Umgangssprache) ist die im Alltag gebrauchte, dialektale, nicht standardisierte Sprache, die normabweichend (z.B. *geschumpfen* statt *geschimfpt*) sein kann.

Assoziation meint eine spontane oder bewusste Verbindung einer Vorstellung mit einem Erlebnis, einer Situation oder einem Ort usw. Das Wort *Skifahren* kann man z.B. mit einem Skigebiet der Schweiz, Österreichs usw., das Wort *Meer* mit Ferien in Italien usw. verbinden.

Bildungssprache ist aus unterschiedlichen sprachlich-kulturellen Registern zusammengesetzt und geht über das rein Sprachliche und Fachliche hinaus. Sie ist die Summe verschiedener sprachlicher und überfachlicher Aspekte und Fähigkeiten, die Voraussetzung für die Teilhabe am bildungssprachlichen (auch: akademischen) Diskurs sind. Die Kinder sollen befähigt werden, Gelerntes zusammenzufassen, zu erörtern, darüber zu reflektieren usw.

Erstsprache (L1) ist die zuerst erworbene Sprache, die in der Regel am meisten verwendet wird. Zur L1 kann auch eine Sprache werden, die ursprünglich nicht als erste gelernt wurde. Bei einem Kind, das beispielsweise bis zum Eintritt in den Kindergarten Tamil als Erstsprache und ab Kindergarten Deutsch als Zweitsprache erworben hat, kann Deutsch mit der Zeit zur Erstsprache werden. Daher ist der Begriff *Erstsprache* flexibel und relativ.

Funktionswort gehört zu Wortklassen, die sich praktisch nicht verändern und eine grammatische Funktion haben, z.B. Artikel, Präposition, Konjunktion usw.

Grammatik beschreibt die formalen Regeln einer Sprache. Sie ist die Lehre von morphologischen und syntaktischen Regularitäten einer Sprache und hilft, Wörter in Sätzen zu kombinieren.

Interaktion ist die wechselseitige Beeinflussung von Individuen oder Gruppen (z.B. Kind-Lehrperson, Kind-Kind) bzw. von zwei und mehr Sprachen. Sie erscheint besonders dort, wo sich Sprachen in einer Kontaktsituation zusammentreffen.

Interferenz ist der wechselseitige Einfluss zwischen zwei und mehr Sprachen. Die Struktur der Erstsprache kann diejenige der Zweitsprache beeinflussen und umgekehrt (z.B. die Aussprache des Deutschen bei Kindern einer slawischen Erstsprache: *uberall* statt ***ü**berall* oder die Aussprache des Englischen bei Kindern deutscher Erstsprache: ***d**at* bzw. ***s**at* statt ***th**at*).

Interkulturell bezieht sich hier auf Beziehungen zwischen Kulturen; im Wortschatzunterricht der Eingangsstufe geht es vor allem um das Verstehen von kulturtypischen Wortbedeutungen. In der Kommunikation spielen Sprechen, Gestik, Mimik usw. eine wichtige Rolle. Die kulturellen Unterschiede sind im schulischen Kontext bereichernd, können aber durch Vorurteile und Missverständnisse beeinträchtigt werden. Deshalb ist es auf der Eingangsstufe wichtig, mit den Kindern über interkulturelle Aspekte zu sprechen.

Kognition (auch: Intelligenz) ist ein Sammelbegriff für die mentalen Prozesse eines Individuums (z.B. wahrnehmen, erkennen, sich vorstellen, vermuten, erwarten, planen, denken). Sie hilft, Lernprozesse bewusst zu machen, damit Transferleistungen ermöglicht werden.

Kompositum (auch: zusammengesetztes Wort) ist ein Wort aus zwei oder mehreren Wörtern (*Orangensaft, Haustürschlüssel*). Das Kompositum stellt eine kombinierte Verbindung von Wortarten (Nomen, Adjektiven, Verben) dar. Man verbindet beispielsweise drei Nomen (*Fussballfeld*) oder ein Adjektiv und ein Nomen (*Kühltrue*) oder ein Adjektiv und ein Verb (*tiefhalten*) oder ein Verb und ein Nomen (*Schreibpapier*) und bildet damit ein Kompositum.

Lernspiel ist eine Lernform, die sich besonders gut für lockere Sprechaktivitäten eignet und durch die häufige Verwendung eines Wortes helfen kann, ein gespeichertes Wort einfacher aus dem mentalen Lexikon abzurufen. Es ist darauf zu achten, dass Wörter auf der Kindergarten-, Grund- und Basisstufe nicht nur isoliert, sondern in einem Zusammenhang gelernt werden. Lernspiele sollten auch nicht als «Lückenfüller» einer Lektion, sondern wohlüberlegt eingesetzt werden. Die eingeplante Zeit für Lernspiele soll dazu genutzt werden, Wörter durch vertiefte Aktivitäten produktiv und im Kontext zu üben.

Lexikon ist Wortbestand einer Sprache, d.h. es stellt die Wörter einer Sprache bzw. einer Sprachvarietät (z.B. Berndeutsch in der Schweiz) in alphabetischer oder begrifflicher Ordnung zum Zweck des Nachschlagens zusammen. Im Kontext dieses Buches ist das Lexikon jene Sprachebene, die sich mit dem Inhalt und den Bedeutungen einzelner Wörter beschäftigt.

Mehrsprachigkeit (auch: Multilingualismus) ist die Fähigkeit eines Kindes, sich in mehreren Sprachen auszudrücken. Dies bedeutet jedoch nicht, dass ein Kind alle Sprachen gleich gut beherrscht (siehe auch Zweisprachigkeit). Auch das rezeptive (passive) Verstehen einer Sprache ist Bestandteil der Mehrsprachigkeit. Dieses Thema wird im Theorieteil (siehe Kap. 3) ausführlich erläutert.

Mentales Lexikon ist jener Teil des Langzeitgedächtnisses, in dem die Wörter nach eigenen Ordnungsprinzipien (Gegensätze, Gleichheit usw.) gespeichert werden. Im mentalen Lexikon ist der ganze Wortschatz eines Menschen organisiert und repräsentiert. Es stellt uns die Wörter als sinntragende Einheiten zur Verfügung.

Metasprache bezieht sich auf das Analysieren einer Sprache bzw. auf das Denken über Sprache(n). Im Kontext dieses Buches bezieht sich der Begriff auf das Sprachenbewusstsein (linguistic awareness) und bedeutet intuitives oder bewusstes Wissen über sprachliche Ausdrücke und Phänomene.

Mindmap ist eine Art Gedächtniskarte, die helfen kann, das Denken bildhaft und verbal zu strukturieren und besser zu behalten. Von einem zentralen Ausdruck ausgehend, wird eine verzweigte hierarchische 'Astskruktur' von Stichwörtern oder Bildern hergestellt. Diese Technik eignet sich besonders gut für Brainstorming oder Planung einer inhaltlichen Sequenz oder einer Unterrichtseinheit der Kindergarten-, Grund- und Basisstufe.

Morphologie (auch: Wortlehre) ist die Lehre des Wortbaus; sie ist derjenige Teil der Grammatik, der sich z.B. mit Wortklassen und ihren Veränderungen (Konjugation der Verben, Deklination der Substantive, Komparation der Adjektive) beschäftigt.

Nachsilbe (auch: Suffix) ist eine Silbe, die an ein Wort oder einen Wortstamm angehängt wird, jedoch selbst in der Regel nicht frei vorkommt (*-heit* bei *Kindheit*). Sie ist wortartenbestimmend (Nomen: *Heil + ung*, Verb: *heil + en*, Adjektiv: *heil + bar*). Die Nachsilbe hat eine morphologische Funktion (Flexion/Beugung) und eine syntaktische Funktion (Wortbildung).

Phonologie (auch: Lautlehre) befasst sich mit Sprachlauten und Schriftsymbolen. Sie hilft, Laute differenziert anzuwenden (z.B. gerolltes Zungenspitzen-*r*, gerolltes Zäpfchen-*r* und Reibe-*r* im Deutschen).

Pragmatik (auch: Sprachhandeln) ist eine linguistische Teildisziplin, die sich mit der Anwendung von Wörtern in Äusserungssituationen befasst. Im Kontext dieser Arbeit stellt die Pragmatik jene Ebene der Bildungssprache dar, die sich mit der kontextbezogenen Sprachanwendung befasst.

Produktiver Wortschatz (auch: Mitteilungswortschatz, aktiver Wortschatz) ist der Wortschatz, den wir beim Sprechen oder Schreiben aktiv verwenden.

Prosodie (auch: Sprachmelodie) ist die 'musikalische' Ebene einer Sprache. Sie umfasst: Rhythmus, Betonung, Tonhöhe, Pausen beim Sprechen usw.

Rezeptiver Wortschatz (auch: Verstehenswortschatz, passiver Wortschatz) ist derjenige Teil des Wortschatzes, den wir zwar verstehen, jedoch nicht aktiv verwenden.

Schlüsselwort ist ein typisches Wort bzw. eine Wortreihe, die dazu dient, ein Subjekt oder eine Handlung eines Textes zu charakterisieren.

Schulsprache ist die Sprache, die im Unterricht gesprochen wird. Die Spracherwartungen im Kontext der Schulsprache sind primär schulisch und didaktisch hergestellt (z.B. den Züchtungsprozess einer Raupe in der Standardsprache beschreiben).

Segmentierung ist ein elementares Verfahren zur Isolierung kleinster sprachlicher Elemente wie Laute, Buchstaben, Silben. Die Austauschbarkeit des segmentierten Elements mit anderen Elementen gleicher Klasse stellt das Kriterium der Segmentierung dar. Beispiel: /G/ ist in *Gasse* segmentierbar (zerlegbar) und durch /t, m, k, r/ ersetzbar: *Tasse/Masse/Kasse/Rasse*.

Semantik (auch: Bedeutungslehre) beschäftigt sich mit der Bedeutung von sprachlichen Ausdrücken (*arm* als Adjektiv bedeutet, kein Geld zu haben, *Arm* als Nomen steht für ein Körperglied). Hierbei spielt der Kontext, in dem der Ausdruck vorkommt, eine wichtige Rolle.

Semantische Wortliste beinhaltet Wörter, deren vielseitige Bedeutung innerhalb eines Satzes oder mündlichen oder schriftlichen Textes in nachvollziehbaren und sinnvollen Zusammenhängen erschlossen werden kann.

Sensomotorik bedeutet Wahrnehmung über die Sinne. Beispiel: Wenn die Lehrperson vor den Kindern spricht, können die Kinder sie mit den Augen sehen und mit den Ohren hören.

Synonymie (auch: Gleichnamigkeit) ist die semantische Relation (Bedeutungsgleichheit bzw. -ähnlichkeit) von zwei oder mehreren sprachlichen Ausdrücken (*anfangen, beginnen, starten, loslegen* oder *langweilig, monoton, eintönig, alltäglich*).

Syntax (auch: Satzlehre) ist jener Teil der Grammatik, der sich mit der Kombination von Wörtern zu Sätzen beschäftigt. Im Kontext dieses Buches ist sie die Ebene des Satzbaus. Der syntaktischen Beschreibung liegen spezifische Methoden der Satzanalyse zugrunde (z.B. «Kinder spielen» ist ein einfacher Satz, der aus einem Subjekt und einem Prädikat besteht).

Technik bezieht sich in diesem Buch auf Unterrichtshandlungen (erklären, motivieren, beleuchten, ausprobieren, kontrollieren).

Textsorte (auch: Textgattung) ist eine Gruppe von Texten mit bestimmten, gemeinsamen Textmerkmalen (Lebenslauf, Brief, Fabel, Erzählung, Gedicht).

Transfer bedeutet Übertragen bzw. Hinüberbringen, z.B. eine mündliche Erzählung in eine komplexere Situation übertragen.

Vorsilbe (auch: Präfix) ist eine Silbe, die vor einen Wortstamm gesetzt wird, um ein Wort zu bilden (*un-* bei *ungesund*). Die Vorsilbe ist ein gebundenes, reihenbildendes Wortbildungselement, das im Unterschied zur wortbestimmenden Nachsilbe keine ähnliche Funktion nachweist. Bsp.: *Wald, Urwald* (beides Nomen), *alt, uralt* (beides Adjektive).

Wortart (auch: lexikalische Kategorie) unterteilt die Wörter in Substantive, Verben, Adjektive, Adverbien, Zahlwörter, Pronomen, Artikel, Präpositionen, Konjunktionen, Partikeln. Die Wörter einer Sprache werden klassifiziert nach Formmerkmalen (aus *Schreiben* wird *schreibst, schrieb, geschrieben*) und Bedeutungsmerkmalen (Substantiv: *der Laut*, Adjektiv: *laut sprechen*, Präposition: *laut Vereinbarung*).

Wortbildung bezeichnet die Möglichkeit, neue Wörter aus bereits bestehenden Wörtern oder Wortteilen zu bilden. Zu den produktivsten Wortbildungstypen des Deutschen gehören die Zusammensetzung aus zwei und mehreren freien Morphemen (*Buch + Seite = Buchseite*) und Ableitungen (auch: Derivation; *Zufrieden + heit = Zufriedenheit* [Suffix]; *un + zufrieden* = unzufrieden [Präfix]).

Wortschema stellt eine ganzheitliche, anschauliche Vorstellung über ein Wort dar (Bsp.: *Keller → Keler; Keller* als Familienname oder Wohnraum, *Keler* als Familienname, der sich vom erstgenannten unterscheidet).

Wortfamilie ist eine Gruppe von Wörtern mit demselben Stamm, deren Verwandtschaft man in Ableitungen erkennt (*gründlich, Grund, Abgrund*). Gleiche oder ähnliche Stammmorpheme der Wörter einer Wortfamilie gehen auf dieselbe Herkunftswurzel zurück (*fahren, Fahrt, Abfahrt, Gefahr*).

Wortfeld (auch: lexikalisches Feld) bezeichnet Wörter, die zu einem Sachgebiet gehören (*Wasser, Fluss, Quelle, fliessen*).

Wortstamm ist derjenige Teil eines Wortes, der bei der Wortformbildung durch Flexionsendungen ergänzt wird (Bsp.: *Schüler*-s). Ein Wortstamm kann morphologisch komplex sein und aus mehreren Morphemen bestehen (Bsp.: *Stier-kampf-arena*).

Zweisprachigkeit bezieht sich auf die Beherrschung bzw. die abwechselnde Verwendung zweier Sprachen (Deutsch und Französisch; siehe auch Mehrsprachigkeit).

LITERATUR

Albers, Timm (2011). Sag mal! Krippe, Kindergarten und Familie: Sprachförderung im Alltag. Weinheim/Basel: Beltz.

Andresen, Helga/Funke, Reinold (2006). Entwicklung sprachlichen Wissens und sprachlicher Bewusstheit. In Bredel, Ursula u.a. (Hrsg.), Didaktik der deutschen Sprache (S. 438-451, Bd. 1, 2. Aufl.). Paderborn: Schöningh.

Apeltauer, Ernst (Hrsg.)(2006). Sprachliche Frühförderung von Kindern mit Migrationshintergrund. Flensburger Papiere zur Mehrsprachigkeit und Kulturvielfalt im Unterricht, Helft 42/43. Flensburg: Universität Felnsburg.

Arnold-Klapproth, Pia (2005). Ausdrucksmalen. In Verlag der Fachzeitschrift Unsere Kinder (Hrsg.), EntwicklungsRaum Kindergarten (6. Aufl., S. 171-174). Linz: Verlag der Fachzeitschrift Unsere Kinder.

Bauer, Juta (1998). Die Königin der Farben. Weinheim/Basel: Belz & Gelberg.

Bayer, Nicole/Moser, Urs (2013). Sprachgewandt Kindergarten und 1. Klasse. Zürich: Lehrmittelverlag.

Bönig, Dagmar/Thöne, Bernadette (2017). Integrierte Förderung von Sprache und Mathematik in Kita und Familie. In Schuler, Stephanie/Streit, Christine/Wittmann, Gerald (Hrsg.), Perspektiven mathematischer Bildung im Übergang vom Kindergarten zur Grundschule (S. 27-40). Wiesbaden: Springer Spektrum.

Braun, Daniela (2011). Kreativität in Theorie und Praxis. Bildungsförderung in Kita und Kindergarten. Freiburg im Breisgau: Herder.

Bree, Stefan (2007). Künstlerische Verfahren als Modell für das frühe Lernen von Kindern. In Bildungsforschung, 4, 1. Online: https://core.ac.uk/download/pdf/33981602.pdf [05.06.2017].

Brügelmann, Hans/ Brinkmann, Erika (2005). Die Schrift erfinden (2. Aufl.). Lengwil am Bodensee: Libelle.

Brunner, Anne (2008). Kreativer denken. Konzepte und Methoden von A-Z. München: Oldenbourg Wissenschaftsverlag.

Brüning, Ludger/Saum, Tobias (2007). Kooperatives Lernen im Unterrichtsalltag. Überblick und Praxishinweise. In Elaan. Magazin für Lehramtsanwärter/innen, 35, 3-8.

Bussmann, Hadumod (Hrsg.)(2008). Lexikon der Sprachwissenschaft. Stuttgart: Kröner.

Cantone, Katja Francesca (2016). Förderung der Zweisprachigkeit in Erwerb und (Schul-)Alltag: Eine neue Sicht auf sukzessive Bilinguale. In Baur, Rupprecht S./Hufeisen, Britta (Hrsg.), «Vieles ist sehr ähnlich». Individuelle und gesellschaftliche Mehrsprachigkeit als bildungspolitische Aufgabe (2. Aufl., S. 225-248). Baltmannsweiler: Schneider Hohengehren.

Carle, Eric (2016). Die kleine Raupe Nimmersatt (15. Aufl.). München: dtv Verlagsgesellschaft.

De Florio-Hansen, Inez (2015). Standards, Kompetenzen und fremdsprachliche Bildung. Beispiele für den Englisch- und Französischunterricht. Tübingen: Narr.

Deutschschweizer Erziehungsdirektoren-Konferenz D-EDK (Hrsg.)(2015). Lehrplan 21. Online: www.lehrplan.ch [20.04.2017].

Dijkstra, Ton/Kempen, Gerard (1993, deutsche Übersetzung). Einführung in die Psycholinguistik. Bern u.a.: Huber.

Ehlich, Konrad (2005). Anforderungen an Verfahren der regelmässigen Sprachstandsfeststellung als Grundlage für die frühe und individuelle Förderung von Kindern mit und ohne Migrationshintergrund. Bonn/Berlin: Bundesministerium für Bildung und Forschung (BMBF).

Ehlich, Konrad/Valtin, Renate/Lütke, Beate (2012). Expertise «Sprachförderung unter Berücksichtigung der besonderen Situation Berlins». Online: www.berlin.de [15.06.2017].

Engler, Josephine (2007). Lachen ist gesund. Sprachförderung mit Witzen. In Günther, Herbert (Hrsg.), Bausteine zur Sprachförderung. Schiller, Goethe und die Feuerwehr (S. 103-147). Weinheim/Basel: Beltz.

Feilke, Helmuth (2013). Bildungssprache und Schulsprache am Beispiel literal-argumentativer Kompetenzen. In Becker-Mrotzek, Michael/Schramm, Karen/Thürmann, Eike/Vollmer, Helmut Johannes (Hrsg.), Sprache im Fach. Sprachlichkeit und fachliches Lernen (S. 113-130). Münster: Waxmann.

Gellersen, Ruth/Velte, Ulrich (2009). Richtig clever! Experimente rund um die Farben (2. Aufl.). Esslingen: Esslinger.

Goethe, Johann Wolfgang (1998). Gedichte und Epen I (Hamburger Ausgabe, Band 1). München: Deutscher Taschenbuch Verlag.

Günther, Herbert (2007). Sprachförderung für alle Kinder – von 5 bis 10 Jahren. In Günther, Herbert (Hrsg.), Bausteine zur Sprachförderung. Schiller, Goethe und die Feuerwehr (S. 7-20). Weinheim/Basel: Beltz.

Hartmann, Waltraut (2005). Die Bedeutung des Spiels für die Entwicklung des Kindes. In ZeitRaum Kindergarten (6. Aufl., S. 106-112). Linz: Verlag der Fachzeitschrift Unsere Kinder.

Heyl, Thomas/Schäfer, Lutz (2016). Frühe Ästhetische Bildung. Mit Kindern künstlerische Wege entdecken. Berlin/Heidelberg: Springer.

Hirler, Sabine (1998). Kinder brauchen Musik, Spiel und Tanz. Lieder, Tänze, Reim. Münster: Ökotopia.

Hoffmann, Julia/Friedl, Peter (2014). Viele bunte Sachen suchen mit Jakob und Conni. Wimmel-Zirkus-Spass. Hamburg: Carlsen.

Hotz, Alex (2007). Hör-, Mund- und Fingerspiele. In Wiedenmann, Marianne/Holler-Zittlau (Hrsg.), Handbuch Sprachförderung (3. Aufl., S. 167-214). Weinheim/Basel: Beltz.

Jäncke, Lutz (2013). Lehrbuch Kognitive Neurowissenschaften. Bern: Huber.

Jakobi-Murer, Stephanie (2007). Ffli, fla, flo! Zürich: Hug Musikverlag.

Juska-Bacher, Britta/Beckert, Christine (2015). Bildungssprache am Schulanfang. Theoretische Herausforderungen – empirische Erkenntnisse – Förderperspektiven. Baltmannsweiler: Schneider Hohengehren.

Kraus, Karin/Ferretti, Andrea (2017). Ästhetische Bildung & Kulturelle Teilhabe – von Anfang an! Bern: Netzwerk Kinderbetreuung Schweiz & Hochschule der Künste Bern.

Krenz, Armin (2010). Was Kinderzeichnungen erzählen. Kinder in ihrer Bildsprache verstehen (3. Aufl.). Dortmund: verlag modernes lernen.

Krumm, Hans-Jürgen (2001). Kinder und ihre Sprachen – lebendige Mehrsprachigkeit. Wien: eviva.

Lentes, Simone/Thiesen, Peter (2004). Ganzheitliche Sprachförderung. Ein Praxisbuch für den Kindergarten, Schule und Frühförderung (2. Aufl.). Berlin/Düsseldorf/Mannheim: Cornelsen Scriptor.

Menzel, Wolfgang (1999). Grammatik-Werkstatt. Theorie und Praxis eines prozessorientierten Grammatikunterrichts für die Primar- und Sekundarstufe. Seelze-Velber: Kallmeyer.

Meyer, Hilbert (2010). Was ist guter Unterricht? (6. Aufl.). Berlin: Cornelsen Scriptor.

Mietzel, Gerd (2002). Wege in die Entwicklungspsychologie. Kindheit und Jugend (4. Aufl.). Weinheim: Beltz PVU.

Müller, Natascha/Kupisch, Tanja/Schmitz, Katrin/Cantone, Katja F. (2011). Einführung in die Mehrsprachigkeitsforschung. Deutsch-Französisch-Italienisch (3. Aufl.). Tübingen: Narr.

Niessen, Susan/Drescher, Antje (2016). Vom Hut, der nicht zaubern wollte. Stuttgart: Thienemann-Esslinger.

Naujok, Natascha (2011). Schriftspracherwerb unter den Bedingungen von Mehrsprachigkeit. In Hüttis-Graff, Petra/Wieler, Petra (Hrsg.), Übergänge zwischen Mündlichkeit und Schriftlichkeit im Vor- und Grundschulalter (S. 95-112). Freiburg im Breisgau: Fillibach.

Orthaus, Angelika (1996). Fingerspiele. Ravensburg: Ravensburger Buchverlag.

Rau, Tina (1988). Kennt ihr Blauland? (8. Aufl.). Falkenhagen: AnTex-Verlag.

Rincke, Karsten (2010). Alltagssprache, Fachsprache und ihre besonderen Bedeutungen für das Lernen. In Zeitschrift für Didaktik der Naturwissenschaften, 16, 235-260.

Roche, Jörg (2013). Mehrsprachigkeitstheorie. Erwerb, Kognition, Transkulturation, Ökologie. Tübingen: Narr.

Rösch, Heidi (2010). Sprachförderkurs DaZ oder Lernbegleitung? In Ahrenholz, Bernt/Oomen-Welke, Ingelore (Hrsg.), Deutsch als Zweitsprache (S. 457-466). Baltmannsweiler: Schneider Hohengehren.

Schader, Basil (Hrsg.)(2016). Reihe «Didaktische Materialien für den Herkunftssprachlichen Unterricht». Zürich: Orell Füssli.

Schneider, Stefan (2015). Bilingualer Erstspracherwerb. München/Basel: Reinhardt.

Schertel-Helf, Heidi (2014). Integration statt Segregation – Entwicklung eines Sprachfördermodells für drei Städte. Ein Standortbericht. In Henle, Dieter/Piske, Thorsten (Hrsg.), Sprachlernen Konkret! Angewandte Linguistik und Sprachvermittlung (S. 77-90). Baltmannsweiler: Schneider Hohengehren.

Seitz, Marielle/Seitz, Rudolf (2012). Schulen der Phantasie. Lernen braucht Kreativität. Seelze: Klett/Kallmeyer.

Selimi, Naxhi (2017). Stellenwert des Sprechens und Zuhörens in mehrsprachigen Lerngruppen. In Merten, Stephan/Kuhs, Katharina (Hrsg.), Arbeiten am Wortschatz. Sprechen und Zuhören (S. 217-232). Trier: WVT Wissenschaftlicher Verlag.

Selimi, Naxhi (2016). Bildungssprache Deutsch und ihre Didaktik. Eine kompakte Einführung in Theorie und Praxis. Baltmannsweiler: Schneider Hohengehren.

Selimi, Naxhi (2014). Familiäre und institutionelle Einflüsse auf die Sprachentwicklung mehrsprachig aufwachsender Kinder. Hintergründe, Befunde, Familienprofile (2. Aufl.). Baltmannsweiler: Schneider Hohengehren.

Selimi, Naxhi (2013). Wortschatzarbeit konkret. Eine didaktische Ideenbörse für alle Schulstufen (2. Aufl.). Baltmannsweiler: Schneider Hohengehren.

Selimi, Naxhi/Nussberger, Simone (2014). Denken, sprechen, handeln. Handlungsorientiertes Sprachlernen für Kinder von 4 bis 8 Jahren. Hölstein: Verlag LCH Lehrmittel 4bis8.

Spitzmüller, Jürgen/Warnke, Ingo H. (2011). Diskurslinguistik. Eine Einführung in Theorien und Methoden der transtextuellen Sprachanalyse. Berlin: Walter de Gruyter.

Stadler Elmer, Stefanie (2008). Entwicklung des Singens. In Bruhn, Herbert/Kopiez, Reinhard/Lehmann, Andreas C. (Hrsg.), Musikpsychologie (S. 144-161). Reinbek: Rowohlt.

Stadler Elmer, Stefanie (2000). Spiel und Nachahmung. Über die Entwicklung der elementaren musikalischen Aktivitäten. Aarau: Schneider.

Stadler Elmer, Stefanie (2002). Kinder singen Lieder: Über den Prozess der Kultivierung des vokalen Ausdrucks. Münster u.a.: Waxmann.

Stämpfli, Jakob (2000). Gesangsausbildung und Musikleben. Ansichten, Ansprachen, Artikel, Aufsätze, 1988-1998. Bern: Müller & Schade.

Steinig, Wolfgang/Huneke, Hans-Werner (2011). Sprachdidaktik Deutsch. Eine Einführung (4. Aufl.) Berlin: Erich Schmidt.

Szagun, Gisela (2013). Sprachentwicklung beim Kind. Ein Lehrbuch (5. Aufl.). Weinheim/Basel: Beltz

Thesing, Theodor (2001). Leitideen und Konzepte bedeutender Pädagogen. Ein Arbeitsbuch für den Pädagogikunterricht (2. Aufl.). Freiburg im Breisgau: Lambertus.

Stenger, Ursula (2010). Spielen und Lernen. In Duncker, Ludwig/Lieber, Gabriele/Neuss, Norbert/Uhlig, Bettina (Hrsg.), Bildung in der Kindheit. Das Handbuch zum Lernen in Kindergarten und Grundschule (S. 30-37). Seelze: Klett/Kallmeyer.

Tophinke, Doris (2003). Sprachförderung im Kindergarten – Julia, Elena und Fatih entdecken gemeinsam die deutsche Sprache. Materialien und praktische Anleitung. Weinheim/Basel/Berlin: Beltz.

Ulrich, Winfried (2017). Wortschatzerweiterung durch materialgeleitete Kita-Gespräche. In Merten, Stephan/Kuhs, Katharina (Hrsg.), Arbeiten am Wortschatz. Sprechen und Zuhören (S. 99-116). Trier: WVT Wissenschaftlicher Verlag.

Urfer-Schumacher, Monika (2016). Problembasiert, kompetenzorientiert prüfen. In Zeitschrift für Hochschulentwicklung, 11 (3), 67-84.

Vahle, Fredrik (2013). Singen – sagen – sich bewegen. Auf 7 Wegen zum Singen. Weinheim/Basel: Beltz.

Vogt, Franziska/Zumwald, Bea (2015). Erste Strategie. Im Dialog mit Kindern. In Löffler, Cordula/Vogt, Franziska (Hrsg.), Strategien der Sprachförderung im Kita-Alltag (S. 42-49). München/Basel: Reinhardt.

Vollmer, Helmut Johannes/Thürmann, Eike (2013). Sprachbildung und Bildungssprache als Aufgabe aller Fächer der Regelschule. In Becker-Mrotzek, Michael/Schramm, Karen/Thürmann, Eike/Vollmer, Helmut Johannes (Hrsg.), Sprache im Fach. Sprachlichkeit und fachliches Lernen (S. 41-57). Münster: Waxmann.

Weinert, Sabine/Grimm Hannelore (2012). Sprachentwicklung. In Schneider, Wolfgang/Lindenberger, Ulman (Hrsg.), Entwicklungspsychologie (7. Aufl., S. 433-456). Weinheim/ Basel: Beltz.

Weinert, Franz E. (2002). Vergleichende Leistungsmessung in Schulen – eine umstrittene Selbstverständlichkeit. In Weinert, Franz E. (Hrsg.), Leistungsmessung in Schulen (2. Aufl., S. 17-31). Weinheim/Basel: Beltz.

Woolfolk, Anita (2010). Educational Psychology (11th ed.). London: Pearson.

Wullschleger, Andrea/Birri, Thomas (2014). Kompetenzorientierten Unterricht planen – Diskussionsvorschlag zu einem theoriegestützten fachübergreifenden Rahmenmodell. In Beiträge zur Lehrerbildung, 32 (3), 399-413.

Zimmer, Renate (2014). Sprachförderung durch Bewegung. In Henle, Dieter/Piske, Thorsten (Hrsg.), Sprachlernen Konkret! Angewandte Linguistik und Sprachvermittlung (S. 125-135). Baltmannsweiler: Schneider Hohengehren.

ANHANG

Hinweis: Die Kopiervorlagen stehen als A4-Format zur Verfügung und können als PDF unter diesem direkten Link heruntergeladen werden:

Der Code für den Download lautet: 1793kopier

Die Unterlagen finden Sie auf unserer Homepage *www.paedagogik.de* beim Buch.